第三只眼看亦小

成长在这里真实发生

边淑清 著

济南出版社

图书在版编目（CIP）数据

第三只眼看亦小：成长在这里真实发生 / 边淑清著 .
济南：济南出版社，2025. 5. -- ISBN 978-7-5488
-7255-9

Ⅰ . G622.0

中国国家版本馆 CIP 数据核字第 2025H22C69 号

第三只眼看亦小：成长在这里真实发生
DI-SAN ZHI YAN KAN YIXIAO:
CHENGZHANG ZAI ZHELI ZHENSHI FASHENG
边淑清　著

出 版 人　谢金岭
出版统筹　韩宝娟
责任编辑　姜海静　魏　蕾
插图绘制　陈韵竹
封面设计　李冉冉

出版发行　济南出版社
地　　址　山东省济南市二环南路 1 号（250002）
总 编 室　0531-86131715
印　　刷　济南鲁艺彩印有限公司
版　　次　2025 年 5 月第 1 版
印　　次　2025 年 6 月第 1 次印刷
成品尺寸　170mm×240mm　16 开
印　　张　12
字　　数　250 千字
书　　号　ISBN 978-7-5488-7255-9
定　　价　68.00 元

如有印装质量问题 请与出版社出版部联系调换
电话：0531-86131736

序

北京亦庄实验小学（简称亦小）是北京市十一学校的第一所分校，2012年落户北京经济技术开发区，占地3700多平方米，建筑面积2.6万平方米，2013年9月正式开学，是北京市政府2012年35件实事工程中教育均衡工程的重点项目。

开学之初，学校即在全国首倡"全课程"理念，对学校管理和课程进行了全面重构与变革，用《中国教育报》原记者李建平老师的话说："这里随处是课程，随时见课程，教师的课程意识发生了激变。这里的课程最明显的特征是与学生的生活紧密相连，它不再只涉及书本中的知识，还将发生在学生身边的事情包括进来，它是鲜活的、真实的、综合的、跨学科的……"学校希望通过课程产品的供给，让学生拥有烂漫的童真童趣、广博的智力背景、丰富的情感体验、活跃的思维状态。

2014年起至今，学校一直是"全国课程改革骨干教师研修基地"，每年接待来自全国各地的校长、教师参观学习上千人次，充分发挥了名校的示范和辐射作用。

2021年8月，学校作为北京十一学校联盟校，和总校一起参加教育部基础教育课程教材发展中心的"学习蓝图教学实验"，持续开展"从教走向学"课堂落实核心素养的实践研究。

为全面记录和见证课程改革，身为《当代教育家》杂志社编辑、记者，边淑清老师走进亦小，成为见证学校发展的"史官"；作为当代教育家研究院的实验校，亦小，也成为国内首所"刊校合一"的学校。

从2012年12月到2016年8月，边老师把记录的文字整理筛选，著成《第三只眼看亦小》书稿，并正式出版。后来，因为要陪伴在其他学校上中学的儿子，她离开了亦小。

　　2023 年，是亦小建校十周年。经过多方配合，我们重新"寻回"了边老师，邀请她来为亦小的十年写下点什么。亦小值得记录的东西太多了——这里有一群身体力行者，他们心无旁骛，静静地守着一方天地，陪伴学生成长。"学生第一"不仅是理念，更体现在老师和学生每天交往的一个个细节中。

　　这是我当时的心愿，也是老师们的共同心愿。边老师不负众望，以"亦小十年"为题，设立微信公众号专栏，根据学校工作实际，对部分优秀教师进行了采访和宣传；后又开设专题，将宣传文章与亦小的工作重点进行紧密结合；她关注课程建设，通过展示具体活动、放大微小细节来体现学校的课程理念，挖掘师生的点滴成长；她还持续关注学生自主社团的活动开展，只因为我们一直认为：学校，是学生步入社会之前的练习场，是试错成本最低的地方。

　　在学校顶层设计与创造价值的"一线两个环节"中，边老师的存在，真的就像"第三只眼"，在记录，在关注，在纠错，在补充。她才思敏捷，观察敏锐，文字细腻又温暖。不管是调皮逃课的学生，还是个性十足的老师，她都能有难得的同理心并洞察到他们的别样长处；不管是桃树、楸树、银杏树，还是小羊、小猫、乌龟、春蚕，她都能从中精准捕捉到亦小独有的人文关怀和课程特点。当一篇文章能真实体现亦小师生风采、课堂实际和课程进展，并且在一定程度上能起到完善、提升、促进和引领作用的时候，这份文字就有了无可比拟的力量。

　　从 2023 年 2 月至 2024 年 12 月，在不足两年的时间里，边老师即为大家呈上了这本《第三只眼看亦小：成长在这里真实发生》，她用这本书表达了对躬耕于教育教学改革一线教师的无比尊重和敬意。教育部原基础教育一司司长王定华来亦小的时候曾这样鼓舞我们："你们是全国 1 050 多万中小学教师的杰出代表，你们就是基础教育的'国家队'，真正的教育家就是这样子。"而如今，我们何其庆幸有这样一个懂教育、爱教育，持续为教师和学生成长助力的边老师陪伴我们一起成长，感恩，感谢！

　　同时我也希望边老师能一直保持这份敏锐与勤奋，为亦小写出更多的精彩篇章。我们，一起努力！

史丽英

（北京亦庄实验小学党委书记）

2025 年 4 月

目 录

第一篇　校长去哪儿了?

第二篇　　那段刻在脑海中的记忆

第三篇　　从此心里又多了一份牵挂

第四篇　每当青鸟飞过你的头顶

第一篇

校长去哪儿了？

張進 作

《牡丹》

校长去哪儿了？

史丽英，北京市语文特级教师，全国模范教师，全国教育系统巾帼建功标兵。2014 年 2 月加入北京亦庄实验小学"全课程"团队，现任学校党委书记、校长。

2023 年 10 月 9 日，北京亦庄实验小学人力资源部的陈丽丽老师，拿着几份文件想找史丽英校长签字，她习惯性地来到四楼，却发现原先的校长办公室已改为学生活动室。那……校长去哪儿了呢？

此刻，史丽英校长作为五年级一班的一名普通语文老师，正在给孩子们上课——

"同学们，谁还记得昨天咱们得出的提高阅读速度的方法？下面我们来抽签回答。"

一个男生随机抽到了三组，三组共四名同学，从一号组员开始回答，其他组员进行补充：一是不回读，二是带着从文章题目中找到的问题去读，三是不认识的词语暂时跳过，四是连词成句，五是一边读一边想。

史老师把这些方法写在黑板上，接着说："从现在开始，咱们要共同阅读科幻作家刘慈欣写的长篇小说《三体》。今天我们先读第一章'科学边界'，请大家用黑板上写出的这些快速阅读的方法，用 8 分钟读完这一章的内容，可以吗？"

大家点头说"可以"时，有个男同学举手，跟史老师讨价还价："老师，8 分钟有点短，10 分钟可以吗？"

"好，那就调整到 10 分钟，如果 10 分钟内大家读不完，我们再做调整。现在开始计时。"

一听到史老师说"开始计时"，同学们立刻安安静静地开始读书了。

10 分钟时间到，大部分同学已读完，还有极少部分同学剩一两页没读完。史老师又将阅读时间延长了 5 分钟，同时给每位同学发了一张小纸条。

"已经读完的同学可以思考一下，这一章中出现了哪些人物，他们都在做什么，他们之间是什么关系，并将这些内容绘制成一幅思维导图。没读完的同学抓紧读完再思考。"

5 分钟时间到，史老师选出三位同学分享自己思考的结果。她提醒道："这是我们共享智慧的宝贵时间，希望同学们认真倾听，同时进一步修改和完善自己的思维导图。"

三名学生绘制的思维导图各具特色，他们从不同的角度选择内容主线，运用发散思维充分思考后形成的导图，受到了同学们的一致好评和史老师的充分肯定。

随后，一位同学总结了这一章的内容，并从文中选择了一句他认为很有意义的话与大家分享："一个人的鉴别能力是和他的知识成正比的。"曾任包班全科教师的史老师对"正比""反比"这个知识点进行了详细讲解，于是有学生说："饭量越大，长得越胖，这就是正比。""读的书越多，懂的道理也就越多，就是正比。"史老师借机说："对，一个人书读得越多，也就越有自己的认知和判断，面对一些纷杂现象，就能保持清醒的头脑和坚定的立场，不被别人左右，做一个有智识有担当的人。"

下课铃响起。史老师刚踏出教室，就遇上了匆匆而来的陈丽丽老师："史校长，原来您在这里上课呢。我有几份文件，需要您审阅、签字。"史老师问清了签字事由，查看了相关文件和记录，并当场签了字。

从校长到老师，再从老师到校长，对于史丽英来讲，这两种身份随时根据场景切换，并能无缝衔接。无论是史校长还是史老师，都对学生和学校肩负着满满的责任，也怀揣着满满的爱。"我得赶紧去看孩子们升旗了！"史老师说完，便笑着快速离开了。

在秋日上午的温柔光线里，新剪了短发的她，端庄秀丽，笑意盈盈。她带着双重的责任和爱意奔向操场，因为在那里，全校的师生正怀着满心的爱戴与尊重，等待她的到来。

教师节礼物

刘丽萍，语文特级教师，全国师德先进个人，北京市区级优秀党员、教育先锋。2013 年入职北京亦庄实验小学，现任党支部书记和级部主任。出版专著《小豆豆们的全课程生活》，所撰写文章被《语文教育蓝皮书：中国语文教育发展报告（2020）》收录。主持多项市、区级研究课题等。

刘丽萍老师的办公桌和其他老师一样，都在教室的东南角，不一样的是，教师节这天，她的桌上摆放着一大束鲜花。旁边的同事告诉我："这是刘老师在山东工作时带的第一届毕业生送来的，他毕业都快 20 年了，还想着刘老师呢！"

上课了。

"还记得之前咱们在学习诗歌的时候，我教给大家的阅读方法吗？"刘老师问。

孩子们齐声答："记得。边读边想象。"

"那，如何真正做到边读边想象呢？"

五六位同学举手回答，共同回顾了这一知识点——找出关键的词和句，做标注，找出描述的场景，用五感来想象，动态与静态相结合。

"今天我们就用这一阅读方法来学习新课——《现代诗二首》。大家先读一读第一首诗，然后告诉我你们有什么发现。在读的时候，大家要注意——"

"有感情，不多字，不漏字，不唱读！"孩子们熟练地回答。

"既然大家都记得，那就认真遵守。好，开始吧。"

清脆的读书声在教室里此起彼伏。

几分钟后，读书声渐渐停止，很多孩子都高高地举起小手，想与大家分享自己的发现。

有的孩子说："老师，我读到了这首诗的提示——反复朗读下面两首诗，说说诗中描绘了哪些景物，这些景物构成了怎样的画面。这些要求，和咱们边读边想象的阅读方法是一致的。"

有的孩子说："我发现诗题的右上角有一个小圆圈，里面写着数字1，根据本页的注释，我知道了这首诗的作者是刘大白。"

有的孩子说："我发现这首诗里只有两个注音字，说明诗中有两个生字。"

……

"大家观察得非常仔细！看来，我们不仅要读明白课文，还要仔细观察课本上的其他内容，要善于从各个方面获取有利于我们学习的信息。根据咱们边读边想象的阅读方法，现在要进行哪一个环节了？"

孩子们齐声回答："找出关键的词和句。"

静静的教室里，孩子们又把头埋进了课本里，他们很快就找出了关键词句，并将它们认真抄写在了本子上。

"大家找好关键词句后，就进行下一步——做标注。记得要用铅笔做标注，一是方便修改，二是——"

"保护课本。"孩子们一边忙碌着，一边头也不抬地抢答道。

……

利用边读边想象的阅读方法，刘老师和孩子们顺利学完了第一首现代诗。

"第一首诗，咱们是一起学的，那第二首诗，你们是不是可以自己学习？"

"当然可以！"孩子们开心地回答。他们两两合作，互读互评，一起标注关键词句并圈画、想象……

在刘老师的课堂上，一切都进行得自然而顺畅。教室里，没有一个孩子游离于课文之外，大家都在刘老师的引导下，沉浸在诗人的优美文字里，恣意想象，尽情徜徉。

下课了，一个小男生快速跑到刘老师身边，说："刘老师，我这节课表现怎么样？这算不算是最好的教师节礼物？"

刘老师开心地说："你表现得非常好，这当然算得上是最好的教师节礼物了！"

另一个孩子说："刘老师，等我长大了，每年过教师节的时候，我也给你寄鲜花！"

刘老师连忙拒绝："不用不用，千万不要这样。你长大后，只要好好生活、好好工作，就是给老师最好的教师节礼物！"

冯老师的那盒饼干

冯慧敏，黑龙江省语文特级教师，正高级教师，全国模范教师，黑龙江省劳动模范，多次承担国家、省、市级课题研究工作，曾获全国语文课改贡献奖及"全国语文课改先进个人""全国语文学科优秀教师"等荣誉称号。

北京亦庄实验小学的语文特级教师冯慧敏，既是四年级孩子的语文老师和道德与法治老师，又是级部主任，还负责学校的人力资源工作。

冯老师的办公桌底下藏着一大盒饼干，当她把饼干正大光明地拿到桌子上面的时候，全班孩子的眼睛都亮了。

语文课上，冯老师把"示弱"运用到了极致——
"我的听力现在真的是不行了，回答问题的声音小了，我根本就听不见……"

"我的理解力是越来越差了，这段话我读了很多遍，可就是弄不明白是什么意思……"

"读读这一段，找出你们认为冯老师有可能不懂的地方……"

"这里有几个词语，我上网查了查却依然不太理解，谁能来给我解释一下？"

"这是我找到的一段文字，里面好像有多处错误，请你们找找看，帮我改正确……"

……

于是，课堂上，孩子们回答问题的声音变得越来越洪亮，在帮助冯老师处理一系列"麻烦事"的过程中，孩子们变得越来越自信，师生关系也越来越融洽，课堂上弥漫着其乐融融的幸福味道。

"老师，我们帮了你这么多忙，你打算用什么来奖励我们啊？"快下课了，有的孩子提出了疑问，于是大家的眼睛齐刷刷地盯向了饼干盒，感觉那盒饼干都要被盯得冒汗了。

冯老师先是客观地总结了本节课的课堂情况，随后便在大家热辣辣的注视下，向回答问题的各位同学分发小饼干。

"好东西要记得与大家分享啊！"冯老师叮嘱说。

"知道了，冯老师，放心吧。"

道德与法治课上，孩子们学习《买东西的学问》一课中"学会看包装"的相关知识时，冯老师的这盒饼干再一次闪亮登场——孩子们在它身上找商标、生产厂家、生产日期和保质期、配料表、绿色食品标志等。当然了，这节课的最后，孩子们又一次领到了奖励饼干。

冯老师班里有一个比较特殊的孩子，他聪明伶俐，但特别敏感，时常会因为一些别人不太在意的事情大喊大叫。冯老师认为，这样的孩子更需要老师特别关注和呵护。在与这个孩子的接触过程中，她发现孩子特别喜欢吃饼干，于是冯老师与他约定：当他感到不舒服，想哭闹却无法自控的时候，就找冯老师聊聊，他们可以边聊边分享这盒饼干。

虽然这只是几块普通的饼干，但在冯老师的手里，它们好像就具有了神奇的力量。它们，可以温暖一颗脆弱的心，也可以抚平一双紧皱的眉头……

冯老师的这盒饼干，既是充满肯定的奖励，激发了孩子们的学习动力；又能驱散负面情绪，为孩子们纾解生活中的压力。相信冯慧敏老师的爱与智慧，也会与这盒美味的饼干一起，一直存在于孩子们的记忆中。

今天这节课，我们就写三个字

李竹平，小学语文特级教师，正高级教师，中国语文报刊协会名师专业委员会学术委员，现为北京亦庄实验小学教师，多家刊物封面人物、签约作者和专栏作者。在40多种报刊发表教育教学类文章400多篇。首创"听读课程"，致力于"为儿童全生活着想"的母语课程开发与实践。著有《我在小学教语文：母语课程的开发与实施》《春天是用来"挥霍"的》《作文故事会：飞刀老师的16堂高分作文课》《语文寻意：从文本解读到课程设计》《儿童成长的秘密》《呼应学习任务群：小学语文大单元教学设计》《小学语文大单元教学八讲》《小学统编语文怎么教》等作品，参与大学教材《小学语文教学设计》的编写。

"今天这节课，我们就写三个字。"2023年2月20日上午9：20，在二年级四班教室里，李竹平老师一边这样说着，一边伸出了三根手指。

闻听此言，看着面前新发的田字格本，孩子们都乐了，也学李老师的样子伸出三根手指："太容易了，OK！"

"老师，要写哪三个字呢？"有学生问。

李老师说："请大家打开语文课本，翻到《中国美食》那部分，自己找找看。"

"让学生自己找生字？他们可以吗？"来听课的老师们产生了这样的疑问。

没想到，不到一分钟，就有学生大声喊："找到了，是'烧''烤''炒'。"

其他学生也纷纷附和。

李老师打趣道："有的同学的嘴巴都伸到教室外面的走廊上了呢！"

"啊？嘴巴伸到了外面？难道不应该是手吗？"

"是啊，想发言的同学要先举手呀！"

这句话，让来听课的老师都笑出了声。

细心的学生已经找出了这三个字的共同特点——它们都是火字旁。李老师追问原因，孩子们异口同声地说："炒菜做饭嘛，当然需要火了。"

"好！现在请大家给它们标上拼音，先各写两遍，再给每个字组两个词，写在刚刚新发的本子上。现在开始。"

当然，七八岁的孩子是很难真正安静下来的，他们还想要点小聪明——

一个孩子说："李老师，我刚刚组了一个四个字的词，一个四字词能不能代替两个两字词呢？这样的话，我就可以少组一个词啦！"李老师乐了："如果一个同学长得胖一些，我们就把他当成两个人，可以吗？"

又一个孩子冒出来一句："我用'烧'字组了一个词——烧鸡，我这还没有写完呢，就要流口水了。"教室里又是一片笑声。

气定神闲的李老师在教室里来回走动，不时提醒个别孩子要保持坐姿端正；有时也会轻轻握一握某个孩子的右手，引导他用正确的姿势握笔。慢慢地，教室里也变得静悄悄了。

十多分钟后，李老师让几个孩子起来读一读自己组的词，并且进一步引导说："如果在你组的词前面再加一点修饰，会有什么样的效果呢？"

有孩子说："金黄色的烤鸭。"

"这是加上了颜色。"李老师说。

有孩子说："让人流口水的红烧肉。"

"这是加上了感官。"李老师说。

有孩子说："色香味俱全的烧鸡。"

"看来，这是一只非常完美的烧鸡。"李老师说，"如果加上本单元'识字加油站'里的八个词语——'甜津津''酸溜溜''辣乎乎''香喷喷''油腻腻''软绵绵''脆生生''硬邦邦'，会有怎样的效果呢？请大家先自己读读这八个词语，再有选择性地加在你组好的词前面，把它们读出来。"

有的孩子说："油腻腻的炒鸡蛋。"

李老师说："看来炒鸡蛋时放油放多了，要注意啊，少油少盐才是健康饮食。"

有的孩子说："我最喜欢的词组是香喷喷的烤鸭。"李老师问其原因，他说："因为烤鸭是北京的特色菜品，我为它骄傲。"

李老师说："在美食里加入家乡情怀，自然就有了别样的味道。"

李老师接着说："上周我曾让大家在家长的协助下或自己独立做一道菜，并拍照打印，标上菜名，今天带到学校来。现在，想向大家介绍自己菜品的同学请一只手拿照片，另一只手高高举起。"

举手较早的五个孩子在黑板前站成一排，向大家展示自己的菜品，并一一进行介绍，介绍时还用上了"识字加油站"中的八个形容词。

听完菜品介绍，有个孩子忽然问道："只有菜，怎么没有餐后甜点啊？"

大家又都笑了起来，教室里仿佛真的有许多美味佳肴摆在大家面前，静待师生共同享用。

说起做菜，有的孩子又发现了"煎""煮""蒸"等字，他们说："做饭需要火，所以'烧、烤、炒'都是火字旁，可为什么有的与做饭有关的字却是四点底呢？"

李老师不声不响地在黑板上写了几个"火"字，写着写着，"火"的四个笔画就变成大小不一的跳跃着的火焰。孩子们看到这里，纷纷恍然大悟。

还有一个小朋友又发现了一个问题："我的朋友叫杰西，他名字里面的'杰'字，为什么也有四点底呢？难道也和火有关？"

"熊大熊二的'熊'字，也有四点底，这又是为什么呢？"另一排的一个小男孩问。

"你们提的问题都非常好，我们能马上获得问题的答案吗？"

"不能！"孩子们齐声回答，"答案需要我们自己去寻找、发现、交流。"

"接下来大家翻开字典，查找火字旁的字，再找找四点底的字，看看有什么新发现。"

快下课的时候，那个关心"熊"字的小男孩说："我找到原因了，因为有'熊熊大火'这个词，'熊'字的四点底也许是由此引申而来的。"而那位杰西的朋友一直没有出声，也许他还在默默地寻找着答案吧。

"烧""烤""炒"，这三个简单的字，是中国家庭生活中最普遍、最具有烟火气的料理方式。看到它们，就可以想象出一张摆满香气四溢菜品的餐桌，以及围桌就餐的一家人。由这三个字串联而成的烟火味十足的课堂，便是李竹平老师送给孩子们的一场饕餮盛宴。

在亦小学习的"种子老师"们，旁听过李竹平老师这节富有设计感的课后，纷纷对自己的课堂进行改进，并向李老师请教课堂设计的经验。

贺润黎老师听完这节课后，不禁感叹李老师教学水平的高超，她说："李老师就用这么一节课，把学生新旧知识的贯通、课本学习与劳动生活以及传统文化的勾连、习惯与素养的养成等，自然、自如、不着痕迹地串联起来，这节课，就像一条闪着耀眼光彩的项链。李老师的教学，充满了艺术和智慧。"

附：作者与李竹平老师的课后问答

作者：孩子在课堂上提出问题，老师却没有马上给出答案，您不担心孩子因找不到正确答案而走入误区吗？

李竹平：我不怕孩子们找不到答案，有时走入误区也是很正常的。一方面，我相信孩子们的判断力；另一方面，课后我也会和他们及时沟通，在他们寻找答案的过程中给出一些合理的建议。

作者：这是《中国美食》的第几课时？

李竹平：这是这篇课文的第一课时，是整个大单元中的一个环节。上周五，为了本节课的顺利进行，我给孩子们布置了一个自制菜品并拍照的小作业，为本课做了铺垫，所以这节课进行得比较顺畅和自然。

作者：您最近的教学研究着重于哪些方面，为什么？

李竹平：我主要研究基于新课标理念的大单元教学设计和实践。核心素养时代，教育教学要追求帮助学生实现深度理解，拥有举一反三、融会贯通的能力。大单元教学的本质特征之一就是帮助学生在知识、技能学习的基础上更进一步，发现和理解知识、技能背后的普遍性观念认知，即不仅知其然，还能知其所以然。

作者：请问您对当今的语文课堂有什么新认识？

李竹平：除了目标追求上要更进一步，还要做到"学为中心"，这是我在课堂上一直秉承的认识和理念。

特级教师 + 高级教师 + 新创工程 "亦麒麟" 领军人才 +……= 孙娜

孙娜，北京市数学特级教师，中学高级教师。系大兴区课程教材评审、指导专家，大兴区名师工作室主持人，经开区小学数学兼职教研员，经开区新创工程 "亦麒麟" 领军人才，北京市中小学特级教师第三期高级研修班学员，教育部国培计划专家库人选。曾获全国小学数学第七届评优课一等奖、全国中小学素质教育多媒体综合运用实验研究评优课一等奖、全国小学数学实验教材（人教版）第一届录像课评优一等奖等。

孙娜老师究竟是一个怎样的人呢？

孩子们说：她是一位数学老师，但她给予我们的不仅仅是数学知识。

孩子们说的还真是一点不错。听孙娜老师的课，需要时时在心中提醒自己：这是数学课，不是语文课；这真的是一节数学课，不是戏剧表演课；没有什么可怀疑的，这就是一节数学课，不是辩论课。

2023 年 3 月 14 日，孙娜老师在她的数学课上问孩子们："你们平时去游乐园都喜欢玩什么项目啊？"

说到这个话题，孩子们开心极了，有的说 "摩天轮"，有的说 "转飞椅"，还有的说 "激流勇进" "跳楼机" "高空缆车" 等。

"你们喜欢的是这些吗？" 孙娜老师向同学们出示一张张游乐项目的照片，让大家辨认。很快，孩子们都答出来了。"那，谁能告诉我，它们都是怎样运动的？"

有一个孩子站起来，学着摩天轮的样子转了几下；又有前后座的两个孩子站起来，后面孩子的手搭在前面孩子的肩膀上，模仿起了"激流勇进"；后来，越来越多的孩子在座位上手舞足蹈，模拟着自己喜欢的游乐项目是怎样运动的。

孙老师看似随意地问两个正在模拟不同项目的孩子："你们旋转的样子差不多，大家认为这两种运动方式相同吗？"两个孩子又各自演示了一遍，同学们一致认为这是两种不同的运动方式。

"你们确定这是两种不同的运动方法吗？我怎么认为是一样的呢！"

"这几个理由还不足以证明你的观点，还有什么更充分的理由吗？"

"如果按运动的方式进行分类，应该分为几类？分别是什么？"

"刚才有一位同学说的答案非常完整，但他回答时读错了一个音，你们能帮他更正一下吗？"

"答案说得完整不代表准确，还需要对其进行佐证，你们能说出自己的论证过程吗？"

"你的这个结论和上一位同学的说法有什么本质区别？"

......

在孙娜老师问题的引导下，有的学生认真思考后形成了自己的观点，并积极地寻找证据进行佐证；有的学生与同组成员经过几番激烈争论终于达成了共识，没想到又被孙老师的一句话问得哑口无言，只得重新调整思路展开讨论。

当最终的结论被大家公认为最正确、最精准、最完善时，距离下课还有一分钟。

"孩子们，谁能总结一下咱们这节课的主要知识点？"

孩子们争先恐后地回答："平移与旋转！这可是我们自己得出来的结论哟！"

课后，三年级五班的朱灵犀同学说："娜娜老师像一个魔法师，上课时，她经常会使用一种魔法把自己隐身起来，这时候我们每个人都变成了小老师，自己提问、回答，还要给大家讲解……但当我们遇到难题时，她又神奇地出现了。娜娜老师有许多'魔药'，她常常把'魔药'洒在课堂里，她还有一些课本上找不到的、拓展知识的'魔药'，让我们脑洞大开，我们最喜欢这个时候了。上完娜娜老师的课，我们脑子里总是装满了知识，沉甸甸、甜蜜蜜的。"

作者：孩子们都说你的课不像数学课。除了考虑锻炼孩子们的学科思维，为什么你执教的数学课上会有那么多其他学科的元素？我看到你会引导孩子在课上进行与数学有关的表演和辩论，在这个过程中你还会纠正孩子们的读音，并对他们叙述的完整性和表达的精准性提出要求，这些似乎应该是语文老师对孩子们的要求。

孙娜：其实刚从事教师这一职业的时候，我是一名语文教师。后来因为当时区里急需数学教师，校领导经过考察之后，就让我转教了数学。来到北京亦庄实验小学后，我的双科教学经历，给我的包班生活带来了便利，也为我现在的班级教学和创新研究带来了帮助。我认为，各学科之间是相通的，不应该出现分界线或是壁垒。

身边的同事说：她想方设法促进青年教师的全方位成长。

在北京亦庄实验小学，孙娜还有一个非常重要的身份，那就是学校教师发展培训中心主任。

从 2023 年上学期开始，在学校的大力支持下，孙娜开设了行政调研课活动。每周二上午 8：30～9：30，年轻教师自主报名执教一节公开课，全学校各学科负责老师、特级教师、名师、校领导组成评课团，进行听评课。

在行政调研课的磨课过程中，张毅鑫老师逐渐明白了自己在课堂上的位置——教师应该是课程的设计者以及学生情况的研究者。针对不同的教学内容、不同性格特点的学生，教师需要使用不同的教学方法和任务设计。以学生为中心的课堂生态不是一蹴而就的，更需要自己在平时多思考、多尝试。行政调研课，既是对"从教走向学"的一次检验，又为青年教师们提供了更多思路。

上完行政调研课后，语文老师李杰说："在行政调研课备课、上课、听评课的过程中，我学到了很多教学方法和技巧。听到不同学科老师对同一篇课文的不同见解后，我感到特别惊喜，在备课思路上有了更多的灵感和启发，十分受益。总之，这是一次特别的教学之旅，在此过程中我努力了，收获了，更成长了。"

入职三年的心理健康老师张金菊也有同感："不同学科的老师从自己的专业视角出发，为我的课堂教学提出了很多切实可行的建议。我在今后的教育教学中会更加注重学习工具的使用，将知识与学生的现实生活相连接。"

行政调研课，不仅磨炼了上课的青年教师，也给听评课团队的成员们带来了不一样的感受——

数学学科主任陈加会说，通过此活动，"看到了学科合力育人的可能性，大家在努力把有意义的事情变得有意思、有可能"。劳动学科主任高元昌，在参与行政调研课的过程中，看到了各学科之间相互促进、不断完善的方向，看到了每个学科在践行"从教走向学"时所面临的问题及教师们找到的解决方案，激发了他对优质课的研究热情。英语学科主任何辉说："我从教20多年，参加过非常多的听评课活动，但这学期的行政调研课，还是第一次听说并参与。史丽英校长带头听评课，教师发展培训中心主任孙娜老师全程牵头组织，学科主任、年级主任全程参与，让大家每次听课都收获颇丰。每个学科的老师都能从学校整体课程建设出发，立足'从教走向学'，结合自身学科，给授课教师提出中肯且极具跨学科特色的建议。各个学科虽然在知识、技能等方面的评价标准各有不同，但在学科育人的目标上是相通且一致的。非常感谢学校，感谢孙娜老师，为大家提供了行政调研课这个机制和平台，让各个学科落实核心素养的工作做得更扎实、更稳健。"

作者：关于教师培训，您的总体计划是什么？

孙娜：我希望在落实立德树人的根本任务、培育学生的核心素养的新形势下，培养一支高素质、专业化、创新型的教师队伍。基于学校教师结构现状，我本着"教师发展终身化"的工作思路，致力于构建教师分层分类培养体系，其中，青年教师的培养是重中之重。我将在学校的大力支持下，深入了解青年教师的问题与需求，构建专业发展目标和师训体系，开展如"行政调研课""课堂教学技能评优大赛"等丰富的教育教学活动，为青年教师打造专业发展支持环境，促其更好更快地成长。我们的教师培养计划很宏大、很长远，需要大家的共同、不懈努力。

工作室成员说：她是潜心研究教学的专家，但绝不自封于个人的教学成就。

从2015年10月起，北京亦庄实验小学开始着手打造"名师工作室"，目的是为学校教师梯队建设和发展建构平台，同时辐射并带动兄弟学校的教师发展，使越来越多的教师在专业发展中获得职业成就感和幸福感。"孙娜名师工作室"就是其中之一。

"孙娜名师工作室"由特级教师、骨干教师和新秀教师组成，共11名成员。

工作室围绕课题"基于 UbD（追求理解的教学设计）理论的小学数学单元结构化教学的实践研究"，查阅大量的权威资料和专业书籍，聚焦学科核心素养，凝练学科大概念，研究学习目标，开发真实情境下的表现性任务，在"教—学—评"一体化的情境中使学生经历不断反思、完善、重新尝试的学习过程，促成其对概念的深度理解，最终实现知识间的融通，学以致用。

杨柳老师自 2017 年入职以来，一直跟随孙娜老师学习。回忆起自己的成长，杨老师感触颇深："我一开始备课的时候，看到孙老师很忙，不好意思麻烦她，倒是她主动找到我帮我磨课。试讲完，我已经做好了被批评的准备，但是她真诚的鼓励和温柔的话语让我如沐春风，充满了力量。她帮我认真分析每一个环节，甚至连上课时的语音、语调等都与我一起反复推敲，从课堂常规到教学设计，从如何营造积极的学习氛围到如何透彻地理解目标……她一直叮嘱我，要关注每一位孩子，眼睛里要有孩子，要跟学生的思维对接，他们才是每一节课最重要的'教学内容'。这些话，奠定了我的教育观。"

孙娜老师同教研组成员、校名师工作室主持人么亚楠说："'合适的度量单位累加的结果能对客观事物进行量化'是北师大版二年级上册数学课本'测量'单元的大概念，这是孙娜老师带着工作室的老师们在本质追问中逐步得到的。每次进行大单元结构框架设计都是孙老师最忙的时候，她会带领我们深挖数学逻辑结构，会引领我们思考如何更好地'从教走向学'，更会用一节节课、一个个晚上来陪我们一起打磨……她用行动带动着工作室每一个小伙伴和级部每一位数学老师的成长。她是教学研究的专家，她对我们从不保留。为了这份荣幸与偏爱，我们唯有更加努力献身教育事业。"

就这样，在孙娜老师的引领下，工作室进行了一个又一个基于 UbD 理论的大单元探究："10 以内数的认识""测量""年、月、日""线与角""认识三角形和四边形"等。在这些探究中，在每一次磨课中，老师们慢慢走近学生，走进对教育的深层理解。

作者：大家都说，你是一位乐于助人、乐于共享的教学研究专家，为什么？

孙娜：我自己的个人成长，一是得益于山东济南教育系统的领导和同事们的相帮相携，二是得益于北京亦庄实验小学历任领导的全力支持以及全体同事的包容关爱。现在，我抱着一颗感恩的心对待我从事的教育事业。因此，我应该无私地扶持年轻教师，就像前辈们对我那样。

　　北京市数学特级教师、中学高级教师、经开区新创工程"亦麒麟"领军人才……虽然孙娜有着这样那样的身份和头衔，但她说："我就是北京亦庄实验小学一名普通的数学教师，作为教师，就应该全心全意爱学生，真心实意待同事，全力以赴做研究。教师，是一项神圣的职业。我要用自己的一生，去践行既要教好书又要育'全人'的职责。"

孟老师,您今天要给我们上什么课啊?

孟庆玲,1993 年参加工作,自 2011 年起开始生本教育的研究,作为学校数学研发团队核心成员,曾多次代表团队执教公开课及汇报研究成果。2013 年加入北京亦庄实验小学,致力于培养学生自主学习能力的研究,开创自主学习周,尝试分层教学等。

2023 年 3 月 20 日,在亦小四年级 8 班的教室里,数学老师孟庆玲正在做课前导入:"今天,我们四年级开始为期一周的'把彩虹请到学校'活动,本节课,就是我们的开启课。现在,我们……"

话还没有讲完呢,几个孩子一听"把彩虹请到学校"这个名字,就十分好奇,纷纷举起了手。

"怎么,我的话还没有说完呢,你们就产生疑问了?说吧。"

一个男孩快言快语:"孟老师,您这是要给我们上语文课吗?"

"不,孟老师是我们的数学老师,但也教我们的劳动课,应该不是语文课,很有可能是劳动课。"另一个男孩子说出了他的推测。

"要不就是语文课加劳动课,'把彩虹请到学校',这个说法多有诗意啊!"还是小女生考虑周全。

"不管怎么说,这一节绝对不会是数学课!"一个小男孩的话引得同学们一致点头。

孟老师说:"这到底是一节怎样的课,我们最后再下结论。好了孩子们,现在继续上课,让我们一起'把彩虹请到学校'。"

孟老师还没来得及继续讲其他内容呢，又有一男孩举手发言了："我想知道的是，我们为什么要'请彩虹'？"

孩子们又讨论起来：

"可能是因为最近北京总是阴天吧。"

"这可能与我们最近学的某一个知识点有关。"

"彩虹是五颜六色的，大家都喜欢，我们要把它请来装饰学校。"

"那么，我们需要怎样去请彩虹呢？"面对学生七嘴八舌的讨论，孟老师插话说。

孩子们沿着自己的思路继续发言：

"写一封邀请信？"

"我们可以用彩色白板笔在玻璃上画出一道彩虹。"

"我记得在阳光下浇花时，水柱周围就会有彩虹出现。我们在教室里放盆水，对着太阳光看，会不会就能看到彩虹了？"

"用一块玻璃，对着太阳……"一个孩子正犹豫如何自圆其说，身边的小伙伴接话了："这样的话阳光就可以直接照进来了，可是还是没有彩虹啊。要不，我们用上三棱镜？或者用一些三角形的玻璃来'邀请'彩虹？"

"对啊，改变一下玻璃的形状和角度，应该可以看到彩虹。"

一直静静聆听孩子们讨论的孟老师不声不响地在课件上出示了一些照片。照片上，有形状各异、多姿多彩的玻璃制品，也有五彩斑斓、高低不等的大小建筑，它们都由一个个不规则的色块拼成，就像一件件艺术品，在灯光里，在阳光下，散发出奇异的光彩。

"哇，这样真的可以把彩虹请来呢。"孩子们惊叹不已。

"我这里有各种颜色的塑料贴纸，如果让你们装饰一扇玻璃窗，你会怎么做？现在请看活动要求。"孟老师提出的具体要求一共有四项——

1. 图案设计美观，色彩分明，布局合理。

2. 各小组能够合理地规划时间和进度，并按规划有条不紊地进行探究。

3. 小组成员分工合理，团结协作，遇到困难一起想办法解决。

4. 合理使用材料，精打细算，尽量不浪费。

备注：每个小组拥有活动资金 13 元（代金券），每平方分米彩色塑料纸 0.28 元（代金券）。

有的同学一看有预算，就跟孟老师讨价还价："老师，我们多买一些彩色塑料纸的话可以便宜一点吗？"

孟老师拒绝道："不可以。每个小组的代金券都是一定的，大家既要保证图案美观又要注意节省材料，因此合理规划预算特别重要。"

组内成员开始开会讨论了：

"装饰一个窗户要用多少材料呢？"

"我们是否需要测量一下窗户的大小？"

"这些钱可以买多少塑料纸呢？咱们一起计算一下？"

"设计哪种图形最省材料呢？"

"咱们设计一个什么样的图案比较好？"

"裁剪的时候一定注意不要剪坏了，免得浪费。"

"剩下的边角料是不是也可以利用起来呢？"

……

"如果需要的话，我这里有测量工具。"孟老师此时已化身为同学们的小助手，她进一步提出探究思考的内容，以帮助同学们理顺思路：

"你们小组打算怎样完成这个任务？"

"你觉得你们小组在完成这项任务上的优势是什么？"

"预测一下，完成任务的过程中可能会遇到什么困难？你们打算怎么解决？"

"在完成任务的过程中，你们需要老师的帮助吗？如果需要，会是哪些方面的帮助呢？"

……

有一个小组在分工时出现了意见分歧：他们原本计划分四个环节完成，组内四人一人负责一个环节，但两位绘画小能手都想参与其中的某一个环节，怎么办呢？经过协商，他们决定：每个环节都由两个人负责，一主一次，共同完成。

在预测困难环节，孩子们想到的问题都比较实际。

A 组问："13 元无法平分怎么办？"

孟老师说："所以我们要换一个思维方式，不一定非得分，是不是？"

B 小组说："在粘贴时可能会遇到困难，如果使用胶水，塑料贴纸不容易被固定在玻璃上。"但他们随即提出了解决办法：春节粘贴塑料窗花时，用的是水而不是胶水。至于实际操作时用水还是胶水，可以视情况而定。

针对此问题，孟老师插话说："这一点大家不用担心，塑料贴纸背后自带粘胶，方便大家粘贴。"

C 小组提出了一个问题："如果塑料贴纸不够用，怎么办？"

此话一出，其他小组也积极响应，看来这是一个共性问题。孟老师说："'凡事预则立，不预则废。'前面已有同学提出过类似的问题，每个小组的费用是一定的，不再追加。"

之后，每个小组就组内分工、所占优势、将会面临的困难及需要老师提供的帮助等内容进行了汇报。汇报结束后，孩子们按照组内分工，测量、计算、绘图……大家都开始忙碌起来。

下课了，孩子们还在低头忙着。

有同学大声问："孟老师，你给我们上的到底是一节什么课啊？"

一男生答："不管是数学课还是劳动课，反正这是一节我非常喜欢的课。"

一女生赞同道："没错，我们都很喜欢。"

历经 5 个课时（4 节数学课、1 节劳动课），到 3 月 24 日止，孩子们终于完成了"把彩虹请到学校"这一项目课程的学习。

经过这一周的学习，孩子们的感受颇深。

王梦淇同学说："在拼贴时，我们遇到了一个大问题，经过重新调整分工，我们组成了一条'流水线'，一位同学剪，两位同学撕保护膜，我们的问题成功解决了。解决问题的过程中，彩虹一直在我们身边。"

复盘时，第一小组进行了深刻反思。他们说："通过这一次

活动，我们不仅在欢乐中学习了小数乘法，而且还知道了怎样愉快合作，并且快速、高效地完成任务。除此之外，我们还发现了自己的缺点：一是遇到问题时解决问题的时间太长，二是我们的计算能力一般。今后，我们一定会努力改掉这些缺点，成为一个团结友爱、积极进取的小组。"

据孟庆玲老师介绍，这一周，是以大任务"把彩虹请到学校"为驱动，以"自学＋小组合作"为主要学习方式，在完成任务的同时主动探究新知（小数乘法）的"数学自主学习周"。每节数学课中都包含了劳动、美术元素，锻炼孩子们的自主学习能力、动手操作能力以及解决问题能力。"经过这一周的学习，孩子们的自主学习能力、问题探究能力、动手操作能力、分工协作能力，以及反思、总结能力，都有了很大程度的提高，这让我非常欣喜、非常骄傲，就像王同学说的那样——彩虹一直在我们身边。"孟庆玲老师激动地总结道。

一位科学教师的自主成长

张鑫，硕士研究生，2013 年 8 月入职北京亦庄实验小学，任科学教师；2022 年，获"经开区骨干园丁"称号；2024 年，任学校副校长、课程与教学研究中心主任、级部主任。

对于"家庭实验室项目"的初尝试

2013 年 8 月，一入职就成为学校科学组负责人的张鑫老师，希望能在学生科学学习方面实现个别化关注与指导。但科学课课时有限，于是，她尝试在学校开展了"家庭实验室项目"。

"家庭实验室项目是利用课余时间，由对科学感兴趣的孩子、老师和家长组成学习共同体，针对感兴趣的问题进行长时间探索和实践，寻找解决方案或者建议。第一批家庭实验室项目面向全校学生发起招募，只要有想探索和研究的问题，家长同意在家中搭建属于孩子自己的实验空间，学生就可以申请与科学老师结对，成立家庭实验室。"张鑫介绍说。

"家庭实验室推行起来了，只是，研究什么，怎么研究，会有什么样的结果，希望达到什么样的目的……这些还是未知数。当时，正值北京雾霾严重，我们就用了约两个月时间，共同研发出了一台空气净化器，大家怀着激动的心情，用测试 PM2.5 的仪器进行测试，效果非常好，而且价格还是当时市场上空气净化器平均价格的十分之一。这台净化器先是轮流放在各个教室里，后来还有老师过来借用。对此，孩子们非常自豪，我也非常开心！"

"咱们的实验室里也能做出家庭生活中实用的东西！"这让孩子们非常振奋，在无形之中增强了学生进行创新研究和科技实验的动力，也让家庭实验室项目不断扩大规模。

2019 年，张鑫的"依托家庭实验室项目构建个性化学习系统"研究项目立项区级课题；2021 年，"依托家庭实验室项目构建个性化学习系统的实践研究"立项北京市课题；她的科研成果收录在了《立德树人落实机制研究——合力机制优秀案例集》一书中。

为了给更多孩子搭建科学探究展示和交流的平台，2016 年，张鑫带领科技组老师举办了亦小首届"Be A Maker"科技节。科技节为学生的创客作品提供了展示平台，点燃了他们的创新热情，激发了他们继续深入开展科学探究活动的动力。2023 年 5 月，学校科技节已经成功举办了五届。

借助家庭实验室项目和科技节，在张鑫的倡导下，学校与区域内的多家企业共建了科技教育共同体。例如，金风科技、中航智科技等企业的多名工程师与亦小学生进行了结对，作为校外导师来指导学生的科技创新类项目；2019 年，学校科技组荣获区级优秀教研组称号；2022 年，张鑫带领 8 组学生参加北京市科技创新竞赛，并取得了优异成绩；她个人也多次荣获"北京市优秀辅导员"称号。

关于亦小课程研发的那些事儿

2019 年，张鑫担任学校课程与教学研究中心负责人，此时，十一总校正热火朝天地进行"从教走向学"的课堂研究，亦小应如何借助总校研发的成果改变课堂教学样态，助力每一个孩子的成长呢？在史丽英校长的指导及鼓励下，张鑫撰写了《北京亦庄实验小学课程实施纲要》初稿，大家一致认为：必须两条腿走路——一条腿是学科大单元教学，另一条腿是跨学科项目化学习。

2020 年，张鑫和亦小部分学科骨干教师加入十一联盟校"K12[①] 学习蓝图课标

————————————
① 指"基础教育"。

研究"项目组，链接联盟校优质资源，依托校级项目组，将亦小的课程研究从"基于标准的学习"进阶到"从教走向学"，课堂教学的样态开始发生变化，学习工具的开发如火如荼地进行着……

为了全面、公正地了解师生关系，更好地为学生服务，2021年，亦小第一次开启教育教学诊断活动。此次诊断活动分别从"对教师的喜爱""个别化关注""学习体验"和"给老师点赞"四个维度收集数据。张鑫是诊断组负责人，她坦言，自己收到的学生评价与她的内心要求有着不小的差距：对学生提供的有关师生关系的诊断数据进行分析，峰值是学习体验中"学习的乐趣和收获"，这是学生对她教学质量的高度肯定；两个最低点分别是"个别化关注"中的"表扬与肯定"和"学习体验"中的"自主、合作学习"。通过这次活动，她听到了很多孩子的心声。

"如何帮助老师们看到孩子学习的真实困境，如何帮助老师在课堂上给孩子们更多的自主空间，如何帮助老师实现多元评估和积极反馈等，"张鑫说，"这都是素养时代教学一线的痛点。"明确问题和目标后，解决问题、实现目标的路径就锁定在了项目化学习。他们决定将项目化学习作为支点，撬动学校课程与教学，实现杠杆效应。

基于具体的教学痛点问题，学校成立了自主学习研究项目组，开展小学段学习任务、作业设计以及教学诊断评估等系列研究。

具体是怎么做的呢？

"为实现学生自主学习的预期目标，我们以项目化学习的方式开展小学段教学，建构学生－导师的学习共同体。学生可依据学习经验和自身情况，自主选择研究方向，自主规划小学段学习时间（3～5天），最终完成项目研究，进行成果展示和汇报。各级部结合学科学习任务的要求，分别开展了不同类型的项目化学习，如解决幼小衔接、小初衔接痛点问题的项目"我是小学生啦！""走进'亦中'"；解决生活实际问题的项目"课间桌游""举办一场主题运动会""故宫少年行""我是低碳探索者"；等等。学生在项目化学习中有效迁移学科知识、技能，在解决问题中提升综合素养能力。"快人快语的张鑫连珠炮般介绍道。

明确问题只是寻找解决路径的第一步，检验教育教学质量、分析实施效果才能真正形成闭环。例如，"从春天出发"项目中的学习任务"春天的亲子运动会"，学习目标涉及思维和社会情感学习两个维度，学习评估标准与目标一致，指引学生的学习进程。具体如下所示。

学习目标	目标要求
思维发展目标	归因：能够对自己在项目练习或比赛中出现的失误进行分析，并能够说出失误的原因，锻炼观察能力和分析能力。
社会情感学习发展目标	克服困难：描述自己和家人通过努力解决问题的情景和感受。 自我成长：识别自己通过努力所取得的成就，并在该方面建立一定的自信。 做出贡献：通过遵守比赛规则、场地规则来为自己的安全负责，为学校的安全建设做出贡献。

评估标准	星级
能够和家长一起分析在项目练习或比赛中的失误或成功，并能够说出失误或成功的原因。	☆☆☆☆☆
能描述自己和家人通过努力解决问题的情景和感受。	☆☆☆☆☆
识别自己通过努力所取得的成就，并在该方面建立一定的自信。	☆☆☆☆☆
能通过遵守比赛规则、场地规则来为自己的安全负责，为学校的安全建设做出贡献。	☆☆☆☆☆

学校还利用技术手段记录学生的学习轨迹，在一年级时就为学生形成电子学习档案和学期报告，通过数据分析，使"看见每一个孩子"成为可能。

2021年12月，教师核心素养国际研讨会暨全国项目化学习年度论坛在亦小举办，六个年级的师生代表在3万人（含线上）参会的国际论坛中，展示了亦小在项目化学习中的实践研究和学习效果，受到了广泛好评。同年，学校五项课程成果被经开区评选为优秀课程成果，其中一项特等奖、一项一等奖、三项三等奖。

2022年5月，学校被评为"北京市基础教育课程建设先进单位"及"北京市2022年学生综合素质评价工作先进单位"；同年11月，"超学科背景下项目化学习支持系统的设计与开发"荣获北京市教育信息化融合创新"双百"示范优秀案例。

"我和孩子们的科学课是这样的……"

不管张鑫目前兼任着多少职务，她，首先是一位科学老师。

2023 年 5 月 18 日下午，张鑫走进一年级 10 班的教室，给孩子们上科学课。

张鑫问孩子们："咱们观察动物已经有一个多月了，你们去动物园的时候都是怎么观察动物的？"

有的说："我是用眼睛看的。"

有的说："我还用耳朵听它们的叫声。"

有的说："我会和同学交流讨论。"

还有的说："我是用放大镜观察的，因为放大镜能让我看得更清楚。"

"那你们观察到了什么呢？"张鑫接着问。

这个问题一出，孩子们七嘴八舌地谈论起来：

"大象的尾巴上有毛发。"

"白鲸的头上有个鼓鼓的包。"

"袋鼠妈妈有个口袋。"

……

"观察到了这些之后，我们应该怎样提出问题呢？"张鑫继续引导。

"大象的尾巴上为什么有毛发？"

"白鲸的头上为什么有个鼓起来的包？"

"袋鼠妈妈为什么有口袋？袋鼠爸爸有吗？"

……

"有了问题之后，我们下一步应该做什么呢？"张鑫又抛出了一个问题。

"猜想。"孩子们异口同声。

"那大家先猜想一下，白鲸的头上为什么会有一个鼓起来的包？"张鑫的引导逐步深入。

孩子们的思维发散开来：

"它用这个包来攻击别人。"

"它可能用这个包来防御，是用来保护自己的。"

"它可能会用这个包来改变声音。"

"它可能会用这个包来辨别方向，因为鱼的鳍就有这个作用。"

……

"好了孩子们,有了猜想之后,我们就可以进入下一个阶段了,是什么呢?"

"研究。"孩子们再一次异口同声。

"具体怎么研究呢?"张鑫继续问。

"通过做科学实验。"

"通过查阅资料。"

"还可以向专业人士请教。"

……

这只是当堂科学课中的一小部分内容,除此之外,张鑫还带领孩子们开始认识"材料",并用上述方法,对多种材料展开研究。

观察事物—发现问题—合理猜想—研究验证,这就是科学课上张鑫教给孩子们的思维方式。其实这不仅是一种学科思维方式,更是一把应对复杂问题时通用的金钥匙。

"这把金钥匙越早交给孩子,就越早培养他们像科学家那样去思考问题的能力,也能促进他们思维能力的进阶发展。"张鑫坚定地说。

后记

张鑫被同事称为"拼命三郎"。我问她:"如此忙碌,累吗?"她愣了一下,笑了:"怎么会累呢?我的课,孩子们喜欢;我和大家共同研发的课程,有益于师生成长和亦小的可持续发展;我们一年级的老师们全心全意地为服务学生和家长而尽职尽责,我只会感到开心和骄傲。"

我问史丽英校长:"您如何评价张鑫老师?"

史校长说:"她对工作的热爱,是发自内心的掩藏不住的热爱,她全力以赴、无怨无悔,以工作中取得的成绩为动力,助推后面所有的工作,她是亦小难得的人才。她用学科思维和发展眼光带领孩子们学习科学;她借鉴十一学校的课程架构和适合亦小的课程理念,引导老师们的日常教育教学;作为年级主任,她永远想着如何激发老师的工作热情,遇到个别问题,她永远能从其中找到可以提升的关键点。张鑫老师的成长,除了特级名师的言传身教,更重要的是她的扎实、勤奋、好学和自我加压。"

　　面对如此高的评价，张鑫则说："亦小的包容和民主氛围，以及不遗余力地扶持教师实现自我成长的胸怀和格局，对我和我们年轻一代的成长起到了至关重要的推动作用。"

　　相互信任，相互尊重，相互成就。人生之大幸，不过如此。

成长在这里真实地发生着

杨育蓉，硕士研究生，2020 年 9 月入职北京亦庄实验小学，一级语文教师。曾任学校党建干事和级部宣传干事，一直担任学校辩论队指导教师。热爱语文教学，曾多次指导学生在区、校级报刊和儿童文学刊物上发表作文并在各类征文比赛中获得奖项。曾获"亦城园丁新秀""第二届全国小学生创意写作大赛优秀指导教师""区级优秀辩论指导教师"等荣誉称号，获"启航杯""亦馨杯"及区级基本功大赛等多个奖项，参与多项课题研究。

王璐欣，硕士研究生，2012 年 7 月入职北京亦庄实验小学，一级教师、区园丁骨干教师，校功勋教师、德育主任、管弦乐团团长，中国奥尔夫协会会员。创办学校合唱团、管弦乐团，指导学生多次荣获国家级、市级、区级比赛一等奖。荣获"第八届中国童声合唱节优秀辅导教师""第十七届'中华杯'全国优秀管乐团示范团指导教师"等荣誉称号。

石少锋，硕士研究生，2017 年入职北京亦庄实验小学，一级教师。曾参与区级名优教师电视公开课展示录制和市级体育教研课程资源录制，并多次获区级研究课奖项。

在亦小校园里，每天都有鲜活的故事发生。通过这些故事，可以窥见一个学生的真实成长，一个老师的真实成长，一个学校的真实成长……

首次尝试就遭遇失败，杨育蓉老师哭了……

2023年3月17日和3月20日，三年级的老师带领着14个班的孩子，相继开启了"春天服装发布会"项目化学习的草木染环节。经过介绍项目化课程、提取染料、认识颜色、了解扎法和绑法等的系统学习，孩子们开始了浸染和制作环节。

一走进三年级区域，廊道里、窗台上、暖气片上，甚至是学生自己的小椅子上，都摆满了新鲜出炉的草木染作品。各个班的体验进度差不多，基本上是顺利进行中，但也有一个小插曲——21日下午，由于染制出来的产品的蓝色不似预期那样纯正，三班的杨育蓉老师急哭了。

"我们经过了一天的紧张忙碌，染制出来的衣服与预期有一些差距。与其他班的老师沟通后发现，我在个别的细节方面准备得不是很充分。说实话，我很失落，也非常自责。"杨老师解释道。

得知这一情况，校长史丽英及时送上安慰："给三年级团队点赞！项目化学习从方案确定到任务分解，再到一步一步实践，这个过程就像打怪兽一样，大家不断遇到挑战，也就不断激发我们的智慧，这才是真实的学习。失败是一次很好的教育机会……希望老师和孩子们一起成长，在解决问题的过程中提升我们的核心素养，包括创新、合作、利他、自主等。我们不论结果是否好看，而是要让学习真正地发生。没有学习的真实发生，再好看的结果也是假象。"

杨老师深受启发和感动。当天晚上，她与其他老师一起，对项目课程的意义和环节等进行了深度沟通，之后，她又重新调整了染料和还原剂等的比例，并进行了多次试染。第二天上午，她先带领孩子们进行了复盘，细致寻找失败原因，后又进行了扎染。当一件件颜色纯正、纹路清晰的蓝靛制品次第展现在大家面前时，孩子们跳啊笑啊，而在一旁忙碌的杨老师，又哭了。

自主社团首场展示成功，王璐欣老师乐了……

2023年3月，学校青鸟儿童音乐剧团、音乐社团以及美术、科技、体育等学科老师，正在共同尝试一种崭新的沉浸式戏剧展示方式。在进行人员组织的时候，学生成长中心主任王璐欣老师想到了"飞鸟戏剧社团"。

飞鸟戏剧社团是由孩子们自发组建、本学期刚刚成立的学生自主社团，团内五人平时排练积极、认真，热情很高，在团长兼小老师张若萱同学的组织下，大家的表演有了很大的进步。那么，是不是让他们也加入其中呢？沉吟间，王璐欣想起了史丽英校长曾说过的一段话："我们学校不管办什么事情，都要以学生的成长为导向，如果总是追求'高大上'，教育势必就会出现假象。这是我们不允许的。"于是，王老师下定决心："亦小的舞台就是给这样的孩子们准备的，上！"

飞鸟戏剧社团的孩子们知道消息后非常激动，他们自主选择了一部分表演内容，在曹天宇老师和专业老师的帮助下，抓紧时间进行排练。

"大家好！我们是飞鸟戏剧社团，我们演出的内容是……"2023 年 3 月 22 日下午 5：30，在二楼 C 区历史步道位置，张若萱与队员们一起，迎来了他们的第一批观众。三分钟后，演出结束。他们在观众们离场后，抑制不住内心的激动，兴奋地在步道上跑了一个来回。

看着首演即获成功的孩子们，王璐欣老师乐了："今天一共有两场演出，明天还有两场，虽然还有几个地方需要改，但是现在，就让孩子们尽情开心一下吧。"

据王老师介绍，让孩子们自主组建社团，是学校为了让学生尝试错误、培育"逆商"，在充分尊重和相信学生的基础上做出的决定。在社团创建中，孩子们会不断遇到困难、解决问题，在试错和反思中调整自己。"面对失败与挫折，不能简单地否定自己或埋怨他人，而是要想方设法地利用自己和他人的优势，保持一个好心态，学会妥协、沟通、合作，从而实现共赢、共成长。目前，学校共有 55 个学生自主社团。"

如何协调校内停车位，石少锋老师忙了……

2023 年 3 月 24 日，周五，学校要举行经开区"学在亦城"特色展示活动，参会领导可能会超过百人。为保证与会者安全、有序、便捷停车，需要临时征用校内南门附近的教师停车场。安全服务中心的石少锋老师在办公群里发了一个通知，希望周五当天自驾上班的教师，可以将车临时停放到学校西侧已经协商好的停车场。

通知下发后，老师们还没有反馈呢，石老师就收到了史丽英校长的质疑："我们学校一贯秉承的是全力以赴为老师服务，我能理解这种为参会领导让车位的行为，但你有没有替当天参加展示活动的老师们想一想呢？他们可能需要早早到校，车上可能还拉着活动中需要的器材、展板、画作等。我们只发一个简短的通知，是无法把工作真正做到老师们心里去的，一定要沟通到位，依据老师的实际情况来做决定。"

对啊，自己只想着"来者是客"，把最便利的条件让给客人，却忽略了自家老师们的工作需求和切身感受。石老师立刻忙碌起来，他和同事们一起，与平时在南门停车的老师们一一进行沟通，详细说明情况，并提供了解决方案：如果您周五一早需要搬运东西，您可以将车停放在校内原来的停车区域；如果没有特殊需要，可以在当天下午一点前将车停到校外停车场；如果您正好有教学任务，我们可以帮您移车。

经过大半天的沟通，石少锋老师圆满完成了校内车位的协调工作。"通过这件事，我对学校'全力以赴为老师服务'的准则有了更深层次的认识。感谢史校长的指导。"他感慨地说。

> 允许学生和老师出错
> 失败是可以利用的宝贵的成长资源
> 老师和学生共同成长
> 挑战可以激发智慧
> 有挑战的学习才是真实的学习
> 全力以赴为老师服务
> 要以学生的成长为导向
> 如果总是追求高大上，教育势必就会出现假象
> ……

正是因为有这些治校方略，并时时处处认真地实行着、体现着，北京亦庄实验小学才赢得了家长、社会各界及各级领导的肯定与赞扬。

春春老师

顾春春，硕士研究生，2012 年 8 月入职北京亦庄实验小学，一级教师。曾多次执教市、区级公开课，撰写的论文和案例多次获市、区级奖项，在大兴区骨干教师"卓越杯"课堂教学展示中获得二等奖，指导的学生作品多次在国家、市、区级比赛中获得一等奖。

2013 年暑期，亦小校舍启用后，春春老师的教室兼办公室兼工作室就设在了四楼 C 区；后来，我的办公室也设在了四楼，只不过是 A 区。

春春老师的办公室里有很多画布、画架和颜料，后来出于课程需要，他又制作了一棵茂盛的大榕树，长长的枝丫上系着多彩的装饰；屋里摆着七八张长长的课桌，每学期都有不同年段的孩子在这里上课、写字、画画、玩泥塑、做手工等。

有时周末加班，我会看到他的妈妈和女儿。那个时候，娃娃刚刚会爬；再后来，娃娃可以到我的办公室串门了；再再后来，娃娃可以咿咿呀呀地和我对话了。他的爱人也是一名教师，两个人都有一群需要照看的"别人家的孩子"。

2016 年 9 月之前，凡是我带队的学校参观活动，我一定会在带他们参观完一楼的照片墙之后，自豪加炫耀地补上一句介绍："这些照片，都是由年轻的油画家、我们亦小的美术教师顾春春老师拍的。"

有的参观老师感慨万千："油画家居然窝在这里教书，境界不简单啊！"也有的自愧弗如："这种层次的美术老师给孩子们带来的艺术感受，可不是一般人能够达到的！"

议论是别人的，春春老师依旧在安安静静地上课。

除了平时的教学，他还带学生的社团课，同时负责学校活动的摄影工作。所以，一旦有需要照片的时候，我总会找他：春春，你有××的照片吗？他也总是及时地提供给我。后来，他的有求必应变成了我的理所应当。直到我离开亦小，在急需照片却怎么都寻不到的时候，才意识到春春的默默支持和无私付出是多么珍贵。

2023年春天，返回亦小的第一天，我悄悄去了春春的办公室。走廊外，还是那幅他带着学生利用周末时间绘制的关于南海子的巨幅狩猎图，除此之外，还多了很多很多他和学生们的书法及绘画作品；室内摆放的，还是那几排长长的木质课桌，课桌的垫子上有着熟悉的斑驳的色彩印迹；那棵高大的榕树依然耸立，挂饰依然在空中摇摆……当时春春看到我，没有表现出惊讶，只淡淡地问了一句："回来了？"我说："是的。"

好似家人一般。

离开亦小六年半，亦小的变化是巨大的，这让我感到惶恐和不安，不知如何开展工作。但看到春春和他的办公室，看着熟悉的一幕幕场景，我心里忽然很安稳。不管身边的人和事如何变幻，春春老师一直在这里踏踏实实地工作着，有条不紊地生活着，他的存在，给我带来了一份宁静和心安。

之后，由于采写亦小十周年校庆的相关稿子需要多张不同时期的照片，我自然而然地给春春留言：春春，你有××的照片吗？

他还是像之前那样，迅速把找到的照片发给了我。

2023年12月6日，春春和三年级的孩子们一起上了一节"四季如画"公开课。课上，春春不急不躁地娓娓道来，孩子们也兴趣盎然，还有个女娃娃竟然爬上了课桌，就是为了要画出心中最美的那幅季节画。这节课的内容设置也相当丰富，有对季节和颜色的辨认，有四种绘画手法的学习，有对季节故事的讲述……

还有一个让我感动的细节——春春把孩子们的现场涂鸦与莫奈大师的作品摆在了一起。

在收取绘画工具的时候，一个男孩子对春春说："我不想下课，我想继续画。"

我不知道专业的评委怎么评价这节课，但在学生这里，已经给出了答案。

之后，我再次来到春春的办公室，正遇到一帮孩子结束泥塑课，他们蜂拥而出，叽叽喳喳；有几个学生自觉留下来和春春一起打扫卫生，他们拿着抹布、笤帚甚至画桶，围着春春在教室里打打闹闹。"说是帮忙干活，其实我们就是想和顾老师多待一会儿。"一个小女孩说。

墨汁、颜料、树木、纸张，加上窗台上摆放的学生手工及墙壁上的书法绘画作品，使得春春的办公室里有着特殊的艺术与自然的气息，其实，细细品起来，这里还有一份平和、淡然、温暖的味道。

你把学校管理得特别好，给你点赞！

北京亦庄实验小学的"校长有约"活动排在每周的周一，但由于种种原因，2023年2月28日周二这一天增加了一场，于是11：30的时候，来自二、三年级的六名孩子，与校长史丽英（孩子们习惯称"英子老师"）开始了午餐"约会"。

提出问题

英子老师先提出了她的问题：

一是对学校的建议：你认为学校在哪些方面还需要改进？学校去年投入巨资改善设施，就是因为有学生提出了相关建议。

二是赞美老师：老师的哪些做法让你忍不住点赞？

三是与同伴的关系：你和同学之间的关系怎么样，有没有出现矛盾，有矛盾的话是如何解决的？

英子老师话音刚落，一名男同学小声说："怎么和我准备的不一样啊？怎么办？"

原来，他已为今天的"约会"进行了充分准备，并且写在了小纸条上，只是没想到，英子老师"不按套路出牌"。

英子老师仔细看了一下纸条，对他说："你的准备还是有用的，只是顺序不一样，不要着急，咱们逐一慢慢聊。"

解决问题

孩子们首先提出了建议。

针对游戏设施："我们总觉得滑梯不够用，能不能再增加一座？"

英子老师答复："学校近期会考虑这个建议。也许我们会建一座从一楼到四楼的大滑梯，大家放学的时候可以滑着下楼。"

针对安全防护："有的同学在滑梯上不注意安全，是不是应该加一些防护网？有的同学直接把楼梯当滑梯，双手抱着就往下滑；还有的同学一步多个台阶地上楼或是下楼，这些都是不安全因素，需要加强安全教育。"

英子老师答复："这个建议非常有必要，这不是加防护网的问题，而是要通过合适的方式对大家进行安全教育，你们也要成为老师的小帮手，看到不安全的行为要制止哟！"

针对声控灯："需要在楼梯间加一个大灯，下午延时放学后，楼梯间的照明不够。"

英子老师答复："所有的楼梯间都装有声控灯，走在走廊里，拍一下手或跺一下脚，灯就亮了。可能时间长了，有的声控灯不敏感了，针对这一现象，学校会尽快检查和更换。"

孩子们对于英子老师的答复非常满意，一个女生说："咱们的校园变得更完美了。"

之后，孩子们开始讨论同伴关系。

有一个男生说："有位同学上课总是晃椅子，虽然不会摔倒，但会影响其他人上课，让人心烦。多次制止无效，怎么办？"

面对这一挑战性极大的问题，英子老师提议："你可以先找到他喜欢晃椅子的原因。"一番讨论后，具体原因找到了：因为晃椅子好玩。

一个女生出主意说："你可以站在他的角度去想办法，或者你和他一起想办法。晃椅子是好玩，但也非常危险，还影响别人学习，应该改掉这个坏习惯。"

英子老师说："其实每个人的学习方式不一样，有的人必须在安静的环境下才能学习，有的人必须动起来学习效果才好。"同学们若有所思。英子老师接着说："我和老师们正在研究如何从教走向助力学生的学，想方设法设计有意义、有意思、有可能的学习任务，我相信同学们参与了深度学习，晃椅子的行为就会消失了。当然，我们还可以借鉴一些其他学校的做法——大家可以坐在球上上课。"

还有一个女生针对同学中出现的一些不文明行为，倡议设立"文明日"——当天设计一些文明行为活动，大家通关之后会获得一些奖励，这些奖励可以统一兑换为自己喜欢的礼物。

英子老师非常认可这一想法，她希望这个女生尽快想办法先在自己的班里推行起来。

传递赞美

最后，孩子们开始给自己的老师点赞。

"我的语文老师上课很好玩，很有意思。"

"我的老师上课上得有声有色。"

"我的老师很有趣，也很温柔。"

"我的老师也很温柔，但我希望他能严厉一些。"

……

"你把学校管理得特别好，给你点赞！"那个写纸条的小男孩转身对着英子老师说。

突如其来的表扬让英子老师愣住了："你是在给我点赞吗？谢谢谢谢，我会以此为动力，继续为大家做好服务。"

在整个"校长有约"的过程中，有一个小男孩很少开口说话，他一边静静吃着饭，一边笑意盈盈地听着这个同学提建议，听着那个同学赞美自己的老师，听大家七嘴八舌谈论同伴关系。他说："我没有什么可说的，我只是想与英子老师坐在一起吃饭，看她和大家聊天，这就足够了。"

此次"校长有约"活动中，孩子们的自信、包容、灵动、友爱，既体现了他们对学校高度负责的主人翁态度，又展现了他们对老师的敬重和对同学们的爱意。

第二篇

那段刻在脑海中的记忆

張進作

《荷花》

那段刻在脑海中的记忆

薛爽，硕士研究生，2012 年 9 月入职北京亦庄实验小学，一级教师，任语文、道德与法治老师并担任班主任。曾获大兴区小学班主任基本功培训与展示活动二等奖，主持和参与多项课题，在《语言文字报》《小学语文教师》《当代教育家》等发表多篇文章。

每次见到薛爽老师，都会让我想起发生在八年前的那个温馨、快乐的画面。

曾经的记忆

"薛爽老师用筷子挑着自己做好的碧绿菠菜，不沾唇地精准投喂。而孩子们呢，则夸张地大张着嘴巴在等着喂食。这，倒让我想起了辛苦的鸟妈妈……"

这，是 2015 年 3 月 13 日发生在我眼前的事情，与此相关的文字也收录在了我的《第三只眼看亦小》一书中。当时，亦小阳光农场所种的第一批蔬菜喜获丰收，采摘后，有的被孩子们摆在校门口售卖；有的被老师带回家加工，又将菜品带到学校与孩子们共同品尝。薛爽，就是众多与学生分享菜品的老师中的一位。

2023 年 10 月 20 日，当我再次看到亦小阳光农场新鲜蔬菜的照片出现在工作群里时，记忆的闸门轰然打开，我径直跑到薛爽老师的教室里，曾经问过她的那句话又一次脱口而出："阳光农场的菠菜好吃吗？"

她一愣，一下子想起了什么，于是我们相视而笑。

就在这大笑之间，八年多的时光和阻隔倏忽而过。

岁月并没有在她身上留下多少痕迹，她仍是那个高挑秀气、略显羞涩的女孩儿。虽然，她已是两个娃娃的妈妈；虽然，她已经是有着十年教龄的经验老到的语文教师。

此刻，她正准备带着孩子们进行"神话"课程的项目化学习。"这是我们四年级共同进行的项目，现在已进入尾声。"薛老师向我介绍说。那，我就静静听一下她的课吧。

一节自然、舒展的神话课

课堂上，薛爽和孩子们讨论了中外神话故事中人们对于同一事物或现象的不同态度。比如面对洪水，中国的大禹想到的是以疏通为主进行治水，在外国神话故事中，他们会想要乘坐什么样的船离开；对于火，智慧的燧人氏想到了钻木取火，坚强不屈的普罗米修斯想到的是要为民盗取火种……还讨论了为什么会有神话出现，以及自己喜欢的神话人物和原因。有同学大声说他喜欢盘古，因为盘古有着开天辟地的能耐和力气；有人喜欢神通广大的孙悟空；有人喜欢坚韧不拔的精卫；有人喜欢女娲，谈到喜欢女娲的原因时，一个同学很坦然地说："因为绘本上的女娲非常漂亮。"还有一个男孩子说："因为我们人类本身就是女娲所创造的'神话'。"

他们提取了中国神话中的一些元素，比如蛟龙、嫦娥、玉兔，比如祥云、兽纹、鸟纹……有个同学忽然冒出一句："神舟飞船！"借着这个男生的发言，薛老师自然而然地将包含神话元素的中国科技成果引入到了课堂中：

1. 中国首辆火星车的名字是 _____。

2. 嫦娥四号中继星被命名为 _____。

3. 中国载人空间站被命名为 _____。

4. 中国探月工程又称 _____ 工程。

5. 中国首辆月球车的名字是 _____。

6. 中国自主研制的新一代军用大型运输机运 -20 代号 _____。

7. 2022 年 10 月 9 日，我国成功发射综合性太阳探测卫星——先进天基太阳天文台，这颗卫星被命名为 _____。

……

孩子们兴趣盎然，根据科技成果的特点和日常积累猜想答案。当薛老师公布答案并总结说"中国科技创造的神话，让中国式浪漫照进了现实"时，教室里一片寂静，之后传来一片赞叹声：我们科技成果的命名都有着中国神话的印记呀，真的好有文化内涵！

薛老师接着说："神话所传递的勇于抗争、无私奉献的精神，现在依旧在我们身边呈现——我们现在的美好生活，就是由一个个现代'中国神话'所创造的。"随后，各小组分享了他们搜集到的人类所创造的辉煌业绩。

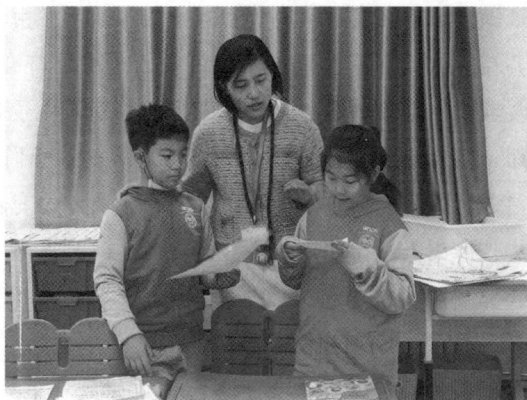

虽然下课铃已响，但孩子们仍然围在薛老师身边，讨论"神话"课程项目化学习的最后展示：各小组的成果以什么形式呈现，小组间如何协调和分工，最后合成一个什么样的作品……

几场即时的非正式采访

我对薛爽老师的采访，没有固定时间，没有固定地点，甚至没有固定的话题。经常是走廊上遇到了，食堂里碰在一起了，或者她正与孩子们玩在一起的间隙里，我简单地问，她简单地答。说是采访，倒不如说是为了满足我的"八卦之心"。

作者：你刚刚是在和孩子们玩沙包吗？

薛爽：是呀是呀，我午休的时候会和学生们一起打沙包。我今天基本是百发百中，特别是班里有个"运动细胞"还不错的孩子被我连续打中两次。哈哈，现在我在他和其他学生的心中应该是个"神射手"了。刚才孩子们还缠着我，让我明天继续和他们玩打沙包的游戏！

作者：听说这次你们班要负责升旗仪式？

薛爽：是的，由于我们负责升旗的那一周是学校心理健康周的开幕式，原本计划由学校社团学生表演节目，我们班出主持人和演讲的同学，但是孩子们自从知道我们班要负责升旗，经常见到我就问："薛老师，咱班是要升旗了吧？"我能感觉出来他们非常期待在升旗仪式上展示，毕竟等了很久，他们才有机会在全校面前表演。最后在我和学校负责老师的沟通下，由我们班上台表演节目。心理组的温老师帮我们选了一首歌，歌很好听，也特别符合"共创和谐校园"的主题，但是需要我们自己编舞蹈。孩子们一听，立刻成立了升旗仪式筹备项目组，一下课就编舞蹈，我也参考了很多跳舞视频，最终和孩子们一起编好了舞蹈。升旗仪式结束后，有老师跟我说，孩子们跳得很精彩，队形的变化很有趣；还有的老师以为我们找了专业舞蹈老师指导过。哈哈，看来，我又多了个新技能。

作者：你急匆匆地要去哪里？

薛爽：四年级学生要进行体质健康标准检测了，我早上带着孩子们跑圈和跳绳，争取帮助他们在体测中取得理想的成绩！

作者：你们早上是在诵读小古文吗？

薛爽：对，我们之前是晨诵古诗，四年级开始晨诵小古文。每天早上由一名同学带着大家学习。小老师在讲之前会查好古文意思，好好备课，讲的时候则有模有样。这是不是也算任务驱动下的学习？

作者：你们最近在忙什么呢？

薛爽：这两周，四年级在开展"神话"课程项目化学习，孩子们读神话故事、创编故事、分享自己的阅读感受和理解……看着他们在教室的各个位置，认真地画着、书写着自己或者小组的作品，感觉孩子们的生命好舒展。他们现在真的是长大了，海报图文搭配更加合理、美观，还设计了一些互动板块，挺期待周五的"神话发布会"，也邀请你来看看啊！

作者：最近有什么让你觉得开心的事吗？

薛爽：哈哈，除了几个学生有了不小的进步，那就是前段时间我们班的孩子去参加"校长有约"活动时给班级和班里老师点赞了。当时收到了学校负责老师的一条传递赞美的信息，说是学生点赞我的课堂生动有趣，给他们很多展示自己的机会，他们很喜欢小组合作，也很喜欢我。收到赞美，就会让人心情愉悦！看来，我还要继续在班里传递赞美啊。

　　从教十年，薛爽老师身边的学生换了一拨又一拨，当年争着抢着吃菠菜的那一群孩子，现在肯定都已成长为"大力水手"了，而她却一点没变。她说，她曾经看过一本书——《给我一个班，我就心满意足了》。"真的，我也很想说，给我一个班，我就心满意足了。在这个教室里，孩子们会带给我无穷的力量，和他们在一起，我也慢慢变成最好的自己。"

　　教育无他，唯念兹在兹。一心在教室，一心为学生，一心做教育，这样的初心不改，这样的执着和纯粹，成就了现在的薛爽，她也用她的淡然与宁静，滋养和浸润着她身边的孩子们。

我被小贺老师"利用"了

贺润黎，硕士研究生，2014 年 9 月入职北京亦庄实验小学，一级教师。曾在市、区承担公开课，撰写的论文和案例多次在市、区级获奖，在大兴区骨干教师"卓越杯"课堂教学基本功展示活动中获得一等奖，参与"一师一优课"活动课例并被评为"部优"，大兴区"师德先锋"，经开区小学语文学科带头人。

虽然这次听课已经提前打过招呼了，但走进贺润黎老师的教室时，我还是心有愧疚的，毕竟还是三年级的孩子嘛，肯定会因为我这个不速之客而受影响的。

我悄悄溜进教室，坐在最后一排的空位上。好在，只有附近的几个孩子发觉了。谁知一上课，小贺老师就把我公开化了。她说："今天，教室里来了一位陌生的老师，她就是咱们的边边老师。大家一起打个招呼吧。"

——嘿！

——老师好！

——边边老师好！

——欢迎你来到我们教室。

一时之间，我，倒成了众目睽睽的一个了。我慌忙和大家挥手致意。

谁知接下来的一幕，让我更加措手不及：孩子们自动、快速地在教室里的左、右、前方，整齐地站成一个倒 U 形，齐声诵出了他们作为"小飞鹰"教室的一名"小鹰"应该有的气魄和志向。声音响亮，语气铿锵，孩子们的眼睛齐刷刷地盯着教室最后排的我，虽然没有完全听清内容，但那份洋溢的热情和不可阻挡的气势，令我定定地站在那里，彻底呆住了。很快，我恢复理智，伸出双手，做出鼓掌状。他们一结束，我立刻就把自己最热烈的掌声奉上。

上课了，贺老师说："既然边边老师来到了我们教室，我们就应该让她看到我们的最好状态，对不对？"

孩子们齐声答："对！"

好多孩子一边回答老师，一边扭头看向我。我立刻向他们献上自己最真诚的笑脸。

孩子们本节课学的是《古诗三首》的第一首。

"之前，我们多次接触古诗，我记得咱们一起总结过读懂古诗的方法。那么，如何才能读懂一首古诗呢？谁来告诉我？"

教室里，小手齐刷刷地举了起来。我也紧张地快速回忆着，好像我上学的时候，老师没有教过这些。算了，反正我是来听课的，小贺老师也不会叫我回答，我还是清清静静摸鱼吧。

在三五个同学的相互补充之下，小贺老师把答案写在了白板上：用字典查生字的意思，联系上下文内容，注意看书中的注释，与同伴交流学习。

"好，我现在给大家五分钟时间，读一下第一首古诗，按上面列出的四个步骤，弄清楚诗的意思。"

有一个男同学忽然大声说："老师，我都会背这首诗了。"

此话令大家非常吃惊，陡然觉得压力山大。小贺老师也很惊讶，她说："竟然会有这么出色的事情？你一大早就已经得了三个小奖章了，这才是今天的第二节课呢。你是如何做到如此优秀的？咱们找个时间，一定让你给大家讲一下。"那个受表扬的孩子开心极了，但他立刻收敛住，开始查字典继续学习。只是他那眼睛亮亮的，掩也掩不住。

白板上的五分钟时间到了。提示音一响，孩子们立刻自觉坐好，眼睛看向老师，他们知道，精彩的时刻到了。

小贺老师提出了很多问题，孩子们举手回答。课堂进行得非常顺利。

——诗人在这里为什么用这一个词呢？可以换一个词吗？

——上一位同学讲的是什么？

——你认为他的答案怎么样？

——你有什么补充的吗？

——还有哪个同学有不一样的想法？

……

只是，坐在我右前排的一个胖胖的男孩子，总是侧过身体看我，然后大声说出自己的答案，之后再瞄我一眼。我知道，这个娃娃受我的影响了。我把头深深埋在桌子上，或是眼睛定定地看着小贺老师，一点都不敢和他对视，但他仍然这样。小贺老师特意走到他身边，用手轻轻按了一下他的肩膀，说："我知道你有非常正确的答案，但我还是把答题的机会交给举手的同学，你知道为什么吗？"

男孩子侧望一下我，我立刻冲他笑了一下，并小声提醒他："注意课堂纪律，先举手。"终于，在小贺老师提出又一个问题后，他很快就举起了小胖手，当然了，他的回答得到了老师的赞扬。他坐下前，花朵一样的笑脸又望向我，我向他竖起了大拇指。

我还在为他开心着呢，忽然听到小贺老师点名叫我了，我一激灵，脑子快速转着，眼睛眨了又眨，我模糊听到了他们的问题，但我确实不清楚真切的答案，只得老老实实地说："我都没有想过会有这样的问题，一时还真不知道是什么答案……""哇，咱们的某某同学问了一个让我们大家包括边边老师都没有想到的问题，真是天才啊！"教室里响起了热烈的掌声，小胖孩儿还特意冲我鼓了几巴掌。

我拍了拍心脏，那里正突突跳着，我找到了当年自己不好好学习偷懒耍滑而被老师抓包时的感觉。平静下来的我，打开手机查了一下资料，并悄悄告诉小贺老师。她对着我甜甜地笑了，并竖起了大拇指。我立刻咧嘴笑了起来，和那个胖胖的男孩子一样一样的。

在小贺老师的引导和鼓动下，在我的回应和衬托下，孩子们本节课的精神状态特别饱满。下课了，小贺老师对我说："晨读的时候，我本来计划着要和孩子们读这三首古诗的，只是我临时讲了一个近期发生的引起大众热议的公共事件，孩子们的心情有点沉重，我担心上课状态会不好。多亏了你啊边边老师，你的到来，让我的课堂呈现出了不一样的精彩。"

好吧，看来，我是被小贺老师实实在在地"利用"了一把，但是，我很开心。

她的孩子好会夸人啊！

代金风，硕士研究生，2016 年入职北京亦庄实验小学，一级教师，学校语文骨干教师。现任语文教师、班主任、级部课程首席。曾获首都优质原创课程资源一等奖、北京市教师智慧与基本功比赛一等奖、大兴区优秀教研课一等奖，经开区"京教杯"一等奖，瀛海镇优秀教师"春蚕奖"，学校"学生喜爱的班主任"称号等，所带班级获经开区优秀班集体荣誉称号。

2023 年 9 月 27 日，我走进二年级四班，听代金风老师和她的孩子们上的一节语文课。

课上，代老师在读孩子们的作品，应该是在学过《树之歌》一课之后进行的一些仿写。每读一篇，教室里都会立刻响起其他同学的一片赞扬声：

——真的是想不到啊！

——牛啊牛啊牛！

——感觉某某写的就像诗！

——我很喜欢某某同学写的文字，他一直这样出色。

——他写的不是花不是草，而是自己的家，他写出了一家人应该有的亲爱样子。

——某某同学写出了很多恐龙的名字和形态，反正我是做不到的。

——没想到没想到，是这种小调调……

小调调？这样的用语让我很惊讶，这孩子应该是感受到了押韵的美感，就用她自己最朴素的语言，来代表内心这种一时无法找到精准文字表达的情感。

为什么代老师的孩子会如此悦纳别人并且有着如此真诚赞美的能力呢？我很

想知道。于是就找了一个机会，对代老师进行了采访："你班的孩子非常会夸人，还是那种特别真诚的赞美，这是怎么养成的呢？"

听我这样问，代老师非常惊讶："我班孩子很会夸人，我真的没想到你给出的我班孩子的特征是这个，但一琢磨好像真的是呢，课堂上别人的话音刚落，'赞'的小手势就举起一大片，同伴互评总能让我眼前一亮，我从孩子们的评价中，也总能发现他人的更多可取之处；他们还经常夸赞身边的老师，就连我也被他们同化了，我在和同事的互夸中从未输过，经常夸到对方'落荒而逃'……"

我发现代老师的课程表上有一节关于"沟通与表达力"的绘本课，就问她："这个夸人的好习惯的养成，与你的绘本课有关吗？"

代老师说："与绘本课有关，但更直接的关系，应该是来自我们平时的训练。"这批孩子在一年级时，代老师就发现，班里内向敏感的孩子特别多，课堂上发言声音很微小。于是，她就尝试各种办法，比如用音量等级游戏，把声音标上序号；用"神奇话筒""火箭播报员"等小道具，让他们拿着麦克风有身份感地说，孩子们一时很新奇，效果也有，但总是不能持久。于是，她就请教了经验丰富的亦小名师李伟老师。"李老师说，对一年级的孩子，如何大声说话是要教的，教孩子如何嗓子用力、如何气沉丹田等。之后，我在课上又试了一下，果然有效！"

可是，无论代老师怎么努力，仍有个别孩子对课堂发言望而却步。怎么办呢？她就利用空余时间找这些孩子聊天，听他们说各种各样的事。慢慢地，找她说话的孩子越来越多，一年级上学期的课间，她的身边总是被围得水泄不通，"上课铃一响，孩子们才回座位，让我有种下课比上课还要忙的感觉。"代老师开心又自豪。

后来，几个平时不太敢当面说话的孩子，见到代老师也想要鼓起勇气打招呼了，"我发现他在离我五米之外就开始酝酿，就只是在那里犹豫又犹豫，我就主动走过去先和他破冰：'哇，今天怎么这么帅！'有的孩子吐字不清，一件事情可能说了很久也没说明白，我就耐心地盯着他的眼睛，认真地听他慢慢地一点一点地说。"

通过这些课下相处，孩子们和代老师建立起了信任关系。"不敢发言、声音小的孩子还是自信心不足，他们是怕说错，怕同学笑话，所以，我不仅要营造互相信任的师生关系，生生之间的彼此接纳、班级里的班风和氛围也需要我引导。"

代老师平时很喜欢让孩子们创编故事，之后再让每一个人分享。一次，小 A 同学刚展示出自己的作品，小 B 同学就随口评价说："啊？这是啥呀？！"代老师立刻制止："在我们看不懂的时候，更需要倾听和了解，小 A 同学愿意把内心的想法分享给我们，我们不仅要用耳朵仔细听，也要带着爱心去听。"当天晚上，小 A 的家长特意给老师发来信息表示感谢，说小 A 很高兴，因为今天上台分享了作品，孩子一直对自己的绘画没有信心，感谢老师当时的出手相助。这让代老师突然觉得，自己脱口而出的每一句话，都会对孩子产生很重要的影响，所以自己一定要做好示范。

其实，小 B 的写绘风格和小 A 很像，他之所以会发出那种感叹，极有可能是他自己以前也曾经被别人这样无意间评价过。有趣的是，这件事之后，小 A 和小 B 竟然成了极其要好的朋友。

最近，他们班里读了《一古拉的岔路口冒险》，孩子们就开始风靡创编"一古拉"，这只由海豚和鼹鼠混搭而成的可爱小动物的出行地图。在讲故事时间，小作者们迫不及待地把自己的作品展示出来。"说实话，有时候我内心都觉得很难评价的一个故事，我都提前做好了打圆场的准备，但大家依然听得津津有味，时而被逗笑，时而跟着情节的起伏而紧张不已，根本不需要我再进行额外的引导。小作者讲完后，满面春风地继续投入下一个创作，预约下一次分享。真的，边老师，多谢你如此善于捕捉儿童语言、洞察孩子们的内心世界，让我发现原来我的孩子们真的这么擅长夸人！"

正在仔细听着代老师讲她和孩子们的故事呢，没想到她话锋一转，夸奖起了我，我赶紧摆手："不不不，代老师，是你和孩子们做得太好了，让我真切感受到了一间安全感十足的教室所散发出来的那种积极向上的动力和无尽的温暖……"

采访结束了，喜滋滋的我一边走一边想：怪不得她的学生会夸人呢，原来她是如此会夸啊，不过，被赞美的感觉真的非常美妙！

"不要理我，我想静静……"

  孙静，硕士研究生，2015 年入职北京亦庄实验小学，一级教师，任语文教师、班主任、教研组长。曾获中华经典诵写讲大赛全国二等奖，北京市第六届"智慧教师"教育教学研究成果一等奖、北京市中小学第十三届"京美杯"一等奖、北京市第八届"京研杯"二等奖、北京市中小学第三届立德树人育人成果征集评优活动二等奖、北京市首届教师"基本功与智慧"研究成果二等奖等；获大兴区小学班主任基本功培训与展示一等奖、优秀方略奖、教育魅力奖；获评经开区优秀班主任、经开区"学生喜爱的班主任"，所带班级被评为区级优秀班集体；承担区级一年级公开课《古诗二首》，获经开区首届中小学优质课展示活动小学 A 组二等奖、经开区第一届中小学教师教学基本功二等奖、经开区"亦城园丁·骨干"、瀛海镇优秀教师"春蚕"奖、校级优秀党员等荣誉。

  "不要理我，我想静静……"
  "静静？静静是谁？"
  听到这样的梗，你可能会从保护自己心脏的角度出发，转过身去当作没听见，却又忍不住想象那个被问的人如何更加凌乱、崩溃于风雨中。但对于北京亦庄实验小学三年级二班的孩子们来讲，他们巴不得你这样问呢，因为，他们口中的静静，真的就有具体的人，并且还是他们都非常喜欢的语文老师——孙静。

  赢得孩子们的喜欢，可不是一件容易的事。对此，孙静老师可以说是煞费苦心。"生活总是需要一点小惊喜，量身打造的小礼物就是我和孩子们之间的浪漫约定。"她这样一说，一下激起了我的好奇心："具体都是什么小惊喜？又是什么浪漫约定？"

　　"每当一个月过去，我们都会开一次班会。班会上，我和孩子们一起，总结上个月的班级情况，推选一些榜样、进步之星、阅读明星、明星小组等，然后再设立下个月的小目标。有评选就会有奖励，我会根据情况投其所好，给予孩子们他们真心喜欢、迫切需要的小礼物。比如，我会根据班级实际阅读情况，给喜欢阅读的孩子送一本书，这本书，由他自己从我提供的近十本书中进行挑选，有的孩子开心地挑来挑去都挑花了眼；我会给写字认真的孩子送一支金色的铅笔，鼓励他们继续进步；我也会给进步大、表现优异的孩子准备惊喜连连的盲盒套装，毫无例外的，全班孩子都喜欢开盲盒，甚至有的孩子会特意压低自己的礼物等级，为的就是开一次盲盒，享受一次心跳加速的感觉；我给思维活跃的孩子准备的是需要动手操作的礼物，比如异形魔方、鲁班锁等；有时候，我送出的礼物就是一张写了几句悄悄话的纸条、一枚印刷精美的书签、一张写满评价语的小卡片，有时还会是一个大大的拥抱……不管是精神的还是物质的，孩子们都非常喜欢。"

　　随着孩子们一天天长大，静静老师的礼物也在升级。

　　"之前，我们给班里各方面表现优异的孩子发小奖状，后来就以班级的名义发一封表扬信，再后来我就发动全班同学，在同学之间'发现美好，传递赞美'，看到让你感动的事情，你可以直接给这个同学写赞美信，这样还无形中融洽了同学之间的关系。之前的'金铅笔奖'，现在正逐步由'钢笔通行证'代替，因为孩子们正处于由铅笔向钢笔过渡的时期，他们特别希望自己能早一点用上钢笔。9月份，我就给那些基本功不错、铅笔字写得也不错的孩子，分两次进行了通行证的发放，现在已有15个孩子有了这个证，他们每天都正大光明地用钢笔书写，那个自豪劲儿，是目前班里其他荣誉所无法比拟的。"

　　读书读得多了，孩子们就会有创作的冲动。静静老师的班里就有一位同学，因为一直坚持写作，而获得了独一无二的钢笔套装。这，可以算作是班里的顶级奖了。

　　静静老师特意向我强调了一点，她说："我们班的所有评价，都会参照学生当初给自己定下的那个小目标。所以，目标的确立，对学生来讲非常重要。如果定得太高了，月底完不成，就会影响我对他的考核；如果定得太低，又没有挑战性，失去了评价的意义。"所以，查看学生的目标是否有效可行，也是静静老师的一项重要工作。经过自身努力可以够得着的目标，她会大力支持，并帮助实现；如果再怎么"踮脚尖"也无法触及的目标，她会提醒学生重新思考或督促修改。

　　"有个孩子的周目标是读三本书。这孩子爱读书，家长也有读书的好习惯，并且家中藏书也多，孩子可以自由选择自己喜欢的书去读，我就认为她的这个小目标一定会实现；有个孩子的月目标是读一本书，但我从他平时的读书习惯就可以知道，他无法独立完成，需要我去督促，我就会及时对他说：'这个目标，对于你来讲应该有着不小的挑战，但老师会和你一起加油的！'有个同学的月度目标是减重5斤，对此，我担心孩子的身体会受影响，就和家长进行了多次沟通，由我们家校双方共同来帮助孩子控制饮食、跑步打卡、坚持晨练，一个月后，面对现实，面对我和家长的双重建议，孩子就把目标改成了'减重1～3斤'这样一个自己通过坚持能够达到的变化区间。"

　　连学生减重的事情都这么上心，也难怪孩子们会喜欢静静了。

妈妈，你考了多少分?

赵秀秀，硕士研究生，2013 年 7 月入职北京亦庄实验小学。现为经开区小学数学学科带头人，大兴区骨干教师。曾获大兴区说教材比赛一等奖、大兴区教师技能比赛一等奖，在核心期刊发表文章多篇。致力于研究适合儿童发展的数学课堂，让数学成为学生的热爱。

2024 年 6 月 6 日下午，三年级四班的孩子们在赵秀秀老师的带领下，召开了班会。班会上秀秀老师说的一句话，引起了全体同学的极大好奇:"班会结束后，就是咱们的家长会。我要给你们的爸爸妈妈来一场意想不到的考试!"

"太好了秀秀老师，你一定要好好考他们，让他们也感受一下考试的滋味!"

"老师，你使劲考，把他们考'冒烟儿'!"

"老师，你一定要考他们很难很难的题。"

"不，我给他们出的考题，非常非常简单!"秀秀老师神秘地说。

"不管什么样的题，我希望我的妈妈能考 100 分! 要不然，我的小脸可往哪儿搁呀!"哈哈哈，特别熟悉的这句话从一个孩子嘴里说出来，感觉有别样的况味。

班会结束，孩子们离开教室后，考试开始。"今天是个好日子，这是我给各位家长准备的试卷，希望你们好好作答。"秀秀老师发试卷了。

向日葵教室"孩子关注度"测试卡

姓名：

1. 孩子姓名：＿＿＿＿＿＿＿＿＿＿＿＿

2. 您的孩子英语分级阅读目前是（　　　）级。（10分）

3. 本学期的数学学习孩子觉得比较难的是哪个单元？（10分）

4. 本学期向日葵教室的共读书有哪些？至少写出两本。（10分）

5. 三年级孩子的体质监测项目有哪些？（20分）

6. 请写出您的孩子所在小组的两个组员的名字。（10分）

7. 我们三年级做了一个很有趣的超学科项目，该项目的主题是什么？您的孩子都为项目做了哪些事情？（20分）

试题难吗？不难。题量大吗？不大。只要平时多和孩子沟通交流，就能很快答出。

10分钟后，交卷。

李竹平老师当场判卷。家长的分数，可以说是和孩子平时的在校表现是相互对应的。

公布分数吗？当然！而且要公布裸分。

最高分100分，7人；优秀（大于85分），16人；不合格（小于等于70分），10人。

针对学生本学期的学情，对应家长的考分，秀秀老师得出了"家长对孩子的关注度越高，孩子各方面就越优秀"的结果，好多家长在这个事实面前深刻剖析了自己，也周密计划了今后的亲子互动方式和频次，以达成"家校共育"的目的。

如果孩子考试了，有的家长会很急切地知道孩子的分数的。那么，家长考试了，需不需要告诉孩子分数呢？

对此，秀秀老师提出了要求："家长会结束后，您可以和自己家孩子聊聊您的分数，谈谈自己对这次家长会的看法，还要谈一下作为家长，今后要和孩子一起成长和改变的信心及决心。"

6月7日，我来到秀秀老师的教室，看到了她办公桌上家长们的考卷，我们相视一笑。

我说："秀秀你好厉害啊，居然会想到考家长！"

她说："因为一个小学生的成长，他自身的努力占40%，家长的推动力和我们教师的力量，均为30%。我班有的家长明确表示自己很忙，根本没时间管孩子，孩子就交给老师全权负责了。这怎么可能呢？家长在孩子的成长过程中，起着至关重要的作用。所以在这次家长会上，我只是要看一看，我们的家长对于自己的孩子有多大的关注度。同时结合孩子的在校表现，让我们的家长能多抽些时间来陪伴孩子关注孩子，这样我们和家长一起努力，才能培养出全面发展的好学生。"

"昨天你家谁来开的家长会啊？"我问身边的一个小女生。

本来很文静的她，忽然很大声地说："我妈妈！你知道我妈妈考了多少分吗？100分！我妈妈是凭着自己的实力得的满分！她经常和我一起读书，一起锻炼，我也经常把心里话告诉她，不管是开心的还是不开心的。我和妈妈之间真的是无话不谈。"

在这个激动的小女孩身后，另一个女生主动对我说："我妈妈考了86分，不高，但我认为，她还没有适应我们的学校。我是上个学期从别的学校转来的学生，我现在已经非常喜欢亦小的老师同学和校园生活了，我想，我应该给我妈妈留出足够的时间。"

我问一名高个子男生："你昨天晚上和妈妈聊天了吗？""聊了，妈妈说，她以后会继续关注我的生活，说实话我们谈得很透彻，所以，我也需要给爸爸妈妈留一个进步的空间。"

还有一个小男孩说："我爸爸还没有和我谈话，爸爸说，他要好好思考一下。我已经知道他的分数了，分数不如我平时的分数高，但也属于优秀。"

一个刚进教室的小男生，急匆匆走到自己座位处，他没有坐下，而是笔直地站着，拿起了书本默读。秀秀老师说："这个孩子其他方面都好，就是规则意识差一些。这是我和他商定的一个处理方法，如果感觉自己想要胡闹了，就主动站起来，让自己冷静一下。我和李竹平老师还有其他学科老师都对他特别关照，如果他的父母能稍稍加以关注，那他的改变将会是惊人的。"

不管家长考了多少分，这只是一个小小的善意提醒，从中足以看出学校老师的良苦用心；不管爸爸妈妈考了多少分，孩子们都不会像焦虑的家长那样穷追猛打喋喋不休，而是宽容地表示要给出足够的时间和空间。这样的态度，是不是值得父母们好好学习一下？

不会上美术课的数学老师
不是称职的包班老师

王朝霞，硕士研究生，2016 年 8 月入职北京亦庄实验小学，一级教师，现为二年级数学教师，兼教研组长和包班班主任。执教的"圆的认识"获区级中小学教师优质课一等奖，并在市级教研活动中展示；撰写多篇论文并发表或在市、区级比赛中获奖，其中，《基于大概念的超数学项目课程实践研究——以"日历课程"为例》被人大复印报刊资料《小学数学教与学》全文转载。

不会上美术课的数学老师不是一个称职的包班老师，读起来有点拗口，但在北京亦庄实验小学数学老师王朝霞身上，这却是一个不争的事实。

课堂

2023 年 10 月 16 日，周一上午第三节课，我在二年级六班教室，看王朝霞老师与孩子们上了一节美术课。

一上课，王老师首先解决的是几个孩子"忘记带彩泥"的问题。

"虽然彩泥没有带，但不妨碍我们正常上美术课，请问谁愿伸出援助之手，将自己的彩泥分给他们一点？一点就可以了，用不着太多。"王老师非常冷静，一句责备的话也没有。

这几个孩子的身边立刻举起了好几双手。"咱们还是按老办法，本着就近原则进行帮助。"王老师说着，很快就确定了一一帮扶关系。等到每个孩子的手里都有彩泥了，美术课正式开启。

"今天，我们要用彩泥制作一个作品。制作什么呢？大家可以先猜一下。"

——北京烤鸭！

——驴打滚儿！

——桃酥！

"因为我们正在进行'家乡课程'这一单元，所以大家都非常清楚北京的一些特产，只是，你们这一次还真的没有猜中呢，今天，我们要用彩泥做一个桃子，也就是咱们平谷的桃子。"

王老师播放了平谷桃子的介绍视频，大家清楚了桃树的生长环境，知道了桃子的颜色和形状。之后，王老师又播放了如何用彩泥制作一颗桃子的详细过程。观看完毕，王老师与孩子们回忆制作桃子的步骤：首先选一小块红色的彩泥，掺上一点点白色彩泥，在手心里揉啊揉，这样就制成了一块粉色的彩泥，如果你本来就有粉色，那可太好了，可以直接使用。需要注意的是，不要用太大的量，因为我们后面还要用这些彩泥制作烤鸭呢，所以咱们要本着节约的原则适量使用。颜色调好之后，把这块粉色彩泥放在手心里，团成一个圆球，用另一只手的拇指、食指和中指慢慢捏，捏出桃尖儿来，再用小压板压出一条浅浅的桃线，我们还要用绿叶装饰一下，那就用一点点绿色彩泥，搓成三片细长的小桃叶，先用彩泥板压一下，形成扁扁的长条叶子，再斜着刻出桃叶的叶脉，之后，把这三片绿叶贴着桃子的底部捏好。这样，一个漂亮的桃子就做好了！

揉、压、刻、捏、搓，在王老师的细致讲解下，孩子们自己总结出了这五个动词，然后开始动手操作。很快，一个个大小不一但同样精致诱人的桃子出现在了大家面前。有的孩子开心地说："我今天不仅做了一个桃子，我还搓出来了一棵树！"原来，他把初次尝试失败后的彩泥都利用了起来。有个女孩说："我不仅做好了一个平谷桃子，我还做了一个大大的果盘呢。"……

问答

课后，带着几个疑问，我对王老师进行了简单采访。

作者：有几个孩子忘记带彩泥，你却没有批评，为什么？

王朝霞：带彩泥上学的通知是上周五发的，有的孩子还没有准备好，所以没

带来。准确一点讲，他们不是忘记带，而是网购了还没有到货。鉴于这次美术课用的也不多，可以让同学们互相借一借。其实，我们班的孩子平时都是非常友爱的，有同学忘记带笔或者是橡皮了，大部分同学都愿意出手相助。而且这种情况，也是营造友爱互助班风的好时机。

作者：你平时特别着重于对孩子们的哪一方面的培养？

王朝霞：对于低年段的孩子来说，养成好习惯十分重要。在一年级开学初，我们就对好习惯的养成进行了规划，并开展了"好习惯奠定好未来"的主题家长会，希望家校同频，助力孩子养成好习惯。我们希望孩子们能够养成良好的生活习惯、学习习惯、阅读习惯和运动习惯，平时也会有相应的支持和鼓励策略。比如，我们会用一些响亮的口号帮助学生知道如何做，建立一日生活的程序；会通过小组互助的方式帮助每个孩子养成好习惯；在班级里开展"今天，我要夸夸你"的活动，每天老师和同学发现谁做得好，谁进步了，就会夸夸他；学期末也会颁发好习惯的榜样之星……孩子们的好习惯养成是一项长期的工作，所以需要我们和家长时时提醒、处处努力。

作者：关于包班，请谈一下自己的看法。

王朝霞：我们两个包班老师，天天和孩子们在一起，从早上入学开始，一直到下午放学结束，晚上我们还会和家长电话联络。可以这样说，我们和孩子在一起的时间，远远超出了家长陪伴孩子的时间。哪个孩子是什么样的习惯、脾气，哪个孩子今天着急上火了，哪个孩子又有了什么样的小进步，我的心里是一清二楚的，特别是这班孩子是我从一年级开始带的，更是非常熟悉。包班，除了陪伴孩子们慢慢成长之外，让我还多了一些耐心和爱心，让我还多了一些评价孩子的标准。这个孩子可能总是会忘记带东西，但他的书写很好；有的孩子可能数学方面的能力差一些，但他的美术和体育很棒。在我眼里，他们都是好孩子。

作者：关于数学老师上美术课的问题，你有什么样的理解？

王朝霞：亦小在一二年级实行包班制，也就是说，这个班的大部分课程，由我们主、副两个包班老师负责。我们不仅仅是传授知识，更重要的是全天候陪伴孩子，这样便于全面了解孩子、成全孩子。我们班每周都有两节美术课，一节由专门的美术老师上，为的是传授专业的美术知识；另一节，就由我这个包班老师上，在课程表上，我的这节美术课后面注着一个"副"字，以此来区分美术课的类型。我所上的美术课，与级部正在进行的课程紧密相连，比如现在我们正在进行着"家乡课程"，配合这一课程，我会和孩子们进行一些手工制作，比如刚刚进行的用彩泥制作桃子，我们后续还会制作其他的特产。再比如我们即将进行"钱币课程"，陪着孩子们认识人民币之后，我们还会利用钱币应有的元素，进行班币设计。包班老师带的美术课，更多的是配合近期的课程教学，为其做准备，无形中，这也会增加孩子们学习美术的兴趣。

后续

10月23日—30日，亦小数学组开展了"二年级数学大单元整体教学"教研活动之"钱币课程"，包括王朝霞老师在内的二年级8位包班（数学）老师，要进行关于"钱币的样子""钱币的产生与发展""游动物园""超市购物""查理成长记""设计班币""钱币知多少"等系列课程的展示，并有一次"钱币课程大单元整体设计"的主旨报告，接受全校教师包括特级、名师在内，以及《小学数学教师》杂志特约副主编陈洪杰老师的检验及点评。上课老师的压力大，同时，展现出来的水平也不是一般的高。

"边老师，是不是写我这么一个平常的人很让你为难啊？你要不要关注一下我们的钱币课程？我对于美术，可是门外汉呢。"王老师很委婉地提出了她的建议。

"好啊，好啊。"我满口答应，同时在想：一个数学专业出身的老师来讲数学课，能有什么悬念呢？再说了，她还是清华毕业的研究生。我现在主打的，可不就是一个"学科反差"！

在爱的怀抱里恣意生长

朱守芬，硕士研究生，2015 年入职北京亦庄实验小学，一级教师，经开区骨干教师。现任语文教师、班主任、教研组长。曾获经开区首届优质课展示活动一等奖、大兴区"新星杯"课堂教学比赛一等奖、大兴区小学学科教师专业能力考核评比一等奖、大兴区班主任基本功培训与展示活动一等奖及教育智慧奖等，多篇论文获得市、区级奖励，在《小学语文教学》《教育视界》等发表多篇文章。参编书籍《呼应学习任务群：小学语文大单元教学设计》《小学语文名师文本教学解读及教学活动设计》《太空生活趣味多》等。2021 年被评为北京市"学生喜爱的班主任"，2022 年获得经开区"亦城园丁·骨干"称号。

无意中发现朱守芬老师时，是在操场上。2023 年 10 月 24 日，10 点左右的阳光很温暖，光线也柔和，她和班里的孩子们正在准备跑操。

"老师，我打针的这条胳膊可疼可疼的了。"

"老师，我的胳膊也疼，夜里睡觉都把我疼醒了。"

"老师，我今天不能跑步了，打针后我需要好好休息一下。"

"是吗？噢——好！"朱老师好脾气地一一应着，拍一下学生的肩膀，或者摸一下学生的头。

"这几个孩子是怎么啦？打的什么针？"我惊讶地问朱老师。她笑着说："流感疫苗啊。""我打的也是这疫苗啊，怎么就没有这些副作用呢？"朱老师拍了拍我的肩膀，我一下明白了！我想到了那个紧紧捂着蹭起了一点点皮的伤口、三步并作两步跑上楼、见到妈妈才终于放声大哭的娃娃！看来，我之所以如此坚强地独自承受打了疫苗之后的种种微弱副作用，完全是因为我没有这样的老师在身边可以倾诉、可以共情啊。

我，非常羡慕朱老师班的孩子们，他们可以如此真诚和坦然地表达对老师的依恋、依赖还有信任。

课间操结束，跟着他们，我走进了五年级十一班的教室。他们要上一节作文课，题目是：二十年后的家乡。

好熟悉的作文，好像我小时候也写过。如何写出新意呢？我很好奇。

朱老师在写出题目后，引导孩子们进行思考：

——一看到题目，你认为这是一篇什么样的作文呢？想象的？科幻的？

——什么是家乡？你现在的家乡是哪里？你父母、爷爷奶奶、姥姥姥爷的家乡是哪里？

——家乡有什么让你记忆犹新的事情吗？你希望家乡做一些什么样的变化？只有变化吗？有没有需要保留和传承的？

……

有的孩子希望父母的家乡越来越先进，因为出行不是很方便；

有的孩子希望姥姥的家乡不要改变，因为已经是绿水青山；

有的孩子因为奶奶家乡的一些非物质文化遗产的埋没而着急，呼吁：不管过去多久，非遗一定要有立足之地；

有的孩子希望能实现一键切换：我想回到小时候的家乡，或我想回到未来的家园，手一按，就可以实现；

有的孩子直接就在全班同学面前宣布：我要写成流浪地球3！

……

望着越来越激动的脸庞，朱老师适时提醒："咱们这是一个'爱国教育单元'，想一想，国和家之间，有什么联系呢？"

孩子们异口同声："有国才有家。"

有的孩子甚至还想到了一句歌词："家是最小国，国是千万家！"

"对啊孩子们，我们爱自己、爱自己的家人及朋友、爱自己的家乡，就是爱国的具体表现。"

经过一番热烈的讨论，又浏览了朱老师发下来的范文，孩子们开始构思自己的作文内容。很快，有的已经开始落笔写了，有的还在静静地冥思苦想。

"下课前能完成的，可以交给我，根据咱们的能力和水平，我预测这样的同学不在少数。这就是今天的语文作业，没完成的同学，可以明天再交。"

朱老师的这句话，丝毫没有让孩子们懈怠下来，他们低着头，抓紧时间写作文，每个人都想在这节课的剩余时间里，写出构思巧妙、无人能及的好作文，毕竟，大家可都想成为那个能力和水平相当好的大多数啊。

曾经路遇朱老师的一名女学生，问她："你们师生之间发生过什么好玩的事情吗？"女同学说："那可太多太多了！我们都非常喜欢她，无条件地喜欢！"

翻开作文本，我发现孩子们都不称呼朱守芬老师为"朱老师"，他们说："我们叫她守芬老师，也叫她芬芳老师，有时候还会叫她神仙老师、文学女神，搞怪的时候，我们还会叫她清芬世守……"

天哪，这是一种怎样的亲密！朱老师用全身心的爱意和包容，接纳孩子，走近孩子，为孩子们营造了一个温暖的安全的舒适氛围，在这种氛围里，孩子们呈现出来的，是天性，是本真，是灵动，是创造，是弥足珍贵的恣意生长。

亦小有这样一位 "久儿老师"

王益久，硕士研究生，2017 年入职北京亦庄实验小学。求学期间参与美国波音集团机载儿童安全设备、徐工集团扫路车、日立集团未来趋势研究等多个设计项目实践，有丰富的互联网、研究所、科技行业的项目经验。2017 年入职亦小。

"她用设计思维工具给学生全学科学习支持，将自己的专业追求和学生们的成长联结在一起，成为了学生们最喜欢的久儿老师。"五年级级部主任冯慧敏老师评价的 "久儿老师"，就是美术教师王益久。

当包班的数学老师王朝霞在和孩子们上美术课的时候，我就在想：亦小的专业美术教师在做什么呢？

带着这个疑问，2023 年 11 月 23 日，我走进美术教师王益久老师的课堂。正是这节课，刷新了我对亦小美术课的认知。

课堂上，在王老师的情景引导下，五年级三班的同学们化身为下班要回家的老师，开展一场 "回家旅程"，并一一还原出了准备回家的心情起伏和各个细微过程：

忙碌了一天，要下班了，心情很放松。老师要先关灯、后开门，再走出办公室，最后再关门。忽然发现，外面的天已经黑了，走廊里也漆黑一片，于是，老师随手打开了手机的灯光，走在空无一人的走廊里，内心有点小小的不安。也许还会要上厕所，但厕所里也是漆黑一片。这时候，心情就有点起伏了。忽然想起来忘记带东西了，于是又返回办公室。这个时候的心情会有点烦躁和低落。于是又重复上面的各个步骤。

"在同学们的细致联想之下，工作了一整天的这位老师的回家路，显得有点一波三折啊。"王老师打趣说。孩子们闻听此言，全都笑了起来。"只有这样，我们才认为，有帮助老师维持他的美丽心情的必要啊！"

看来，孩子们已经猜到王老师这节课的任务了：列出所有过程，并找出老师在某一特定时段下的情绪低落点，再找出原因并提出优化方案，提高老师对生活和工作的热爱，最终提升他的幸福感。

王老师将孩子们所讲述的步骤一一列出来，并由孩子们上台画出情绪的变化起伏。

"上节课，我们一起探讨了什么是用户，以及校园照明有哪些用户分类，现在请每个小组根据自己选定的用户共同梳理这部分人群的回家旅程，会有哪些阶段、哪些行为以及情绪感受，记住，不要漏掉任何一个细节，此刻，你就是他。"

每个小组都领到了一张大大的白纸，孩子们各自分工，有的在讨论，有的在书写，紧张而有序。

在展示环节，几个小组踊跃发言：

"我们组认为，老师在灯关掉的一刹那是情绪最低点，所以想延迟灯熄灭的时间，就像日落一样慢慢变暗，相信这会是个不错的体验。"

"我们发现，在黑暗中走路的阶段是感受低点，或许可以有一盏星星灯，照亮走廊的廊顶，走在这样的走廊里像是在野外的星空下，让人觉得舒服惬意。"

"我们注意到安静是使人害怕的原因，如果有一盏音乐灯，舒缓的音乐可以帮助回家的人忘记恐惧和疲惫……"

在两节课的时间里，有的小组基本确定了灯的功能，有的小组还在讨论着是否可做一盏"万能灯"；有的小组在讨论灯的材质、具体形状以及成品大小了，而有的小组已经分工明确，并且准备好下节课的时候要拿出多份灯的结构草图以供大家选择了……

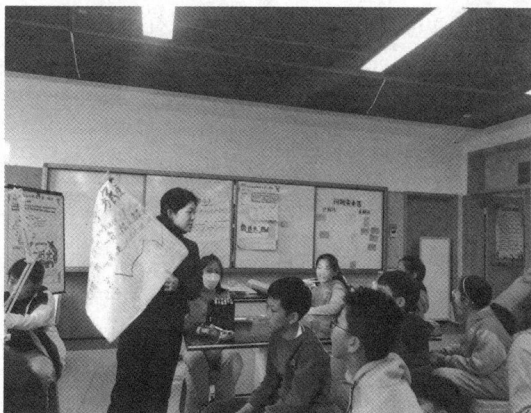

"你们喜欢这样的美术课吗？为什么？"

在热火朝天的课堂上向孩子们提这样的问题，显得自己情商不在线，但我还是忍不住问了，毕竟我想听听孩子们的真实心声。除了几个同学很简单地说"好玩""有趣""思维几乎不受约束"外，我还意外收到了两个孩子的书面回答——

胡乐兮同学说："久儿老师的课上有很多开放性的问题，她都能放心地交给我们去创想。她的课不无聊，非常有意思，她很关注我们的思维，也在时时引导和锻炼着我们的思维，我们大家都很喜欢她的课。"

王语欣同学说："久儿老师的每一节美术课，都与设计有关。她是想通过设计来激发我们在美术方面的思维。在她的课上，我总是能够把自己的想法大胆地表达出来，就比如设计灯，我可以任意发挥想象力，及时把想法记下来，讲给她听的时候，她总是给我以鼓励和肯定。后面，我还要设计这盏灯的材质、大小、颜色等，还要把它真真正正地做出来，一想到有人将来可能会用我设计出来的灯来照亮黑暗，我就非常开心！"

说实话，如果没有来听王益久老师的这节课，我绝对想象不出一个专业的美术老师的课堂竟然会是这样的。我也有很多问题想采访王老师。

作者：为什么你和同学们列的标题是"用户旅程图""客户旅程图"，而不是平常意义上的"老师"或是"同学"？这只是一个称谓上的改变吗？

王益久：用户旅程图是设计思维课程中"定义"环节的一个步骤，它可以帮助孩子更好地理解自己在为"谁"解决问题，这个"谁"又有怎样的行为和情绪，在这当中，寻找痛点和设计机会，是一种共情也是一种服务意识的培养。而在不同的项目议题中，这个用户针对的群体也不一样，比如换成一个核废水污染的议题，"用户"就会变成海洋里的生物、地球上的人类等。

作者：你的美术课一直是这样上的吗？

王益久：大部分时候是的，我会时常在课上把自己看到的、学习到的新理念、新方法进行实践。

作者：美术教材上肯定不是这样要求的，那么，你设定五年级的学生有这样的美术课的依据是什么？

王益久：ChatGPT（聊天生成型预训练变换模型）、教育改革、新课标等与教育有关的创新，当前社会大环境的改变，加上我自身的一些经历，都让我更加坚定走设计思维项目式教学这条路。课堂上，学生表现出的状态和他们的需求，都是与核心素养和新课标的方向相匹配的。我认为，课堂的呈现形式是千变万化的，但"学生第一"这一宗旨是不变的。

作者：级部或是学校是如何评价你的课堂的？

王益久：不管是级部还是学校，大家都特别支持我的探索，他们评价我的课堂是"具有前瞻性的、新颖的"，给我个人的标签是"有学术研究潜质的"。对此，我非常自豪，也心存感激。

作者：你近期的计划（或目标）是什么？

王益久：去年是工具开发实践，今年是思维能力、课堂与工具为一体的教学实践，因此，在这之下较为完善的项目式课程要经历两三遍，同时产出一些可供教师、孩子迁移使用的工具，让学习和成长可视化呈现一个个台阶。

目前，亦小的美术课程有三种样态：一是普识性的，适用于全体孩子的书法及绘画课等；二是适用于PBL（问题驱动教学法）或是各学科间的融合而存在的美术课，比如钱币课程、成长课程、低碳课程、期末大剧、戏剧课程中的美术课等；三是基于设计，激发学生思维、拓宽思维路径、探索思维方式、注重思维过程，最终引导学生学会思维的美术课，比如王益久老师正在进行的思维设计课程。这三种样态，没有深浅、高低之分，只有所适应的年段及群体不同，它们相互渗透、相互补充，形成了亦小美术课程的丰富、多样、可选择，从而使"创造适合每一位学生发展的教育"成为可能。

当年面试王益久老师的情景，副校长李伟至今记忆犹新："王老师气质恬静、自然，她的专业素养非常高，对小学美术教学的想法非常独特，并且站位高，是位难得的人才！亦小就需要这样的老师。"

其实，在所有类型的学校里、在各类学科的课堂上，都需要"久儿老师"这样的研究型宝藏教师。

"蒲老师蒲老师蒲老师好！"

蒲景玉，英语硕士研究生，2023 年加入北京亦庄实验小学。先后做过包班教师、英语教师、英语教研组组长，现为办公室行政支持人员。始终坚持"如果你不能成为一个小孩，你就不要教小孩"，深受学生、家长及同事尊重和喜爱。

每当教职员工去用午餐，总会经过二楼的学生餐厅，这对曾经是英语老师现在转岗为行政支持人员的蒲景玉来说，真的是一个不小的考验！

为什么呢？因为，她教过的那些学生，只要一看到她出现，都会问一声："蒲老师好！"蒲老师曾教过 6 个班，一个班按 40 人计，就会有 240 声问好，并且，有些孩子对于自己喜欢的老师总是一叠声地问好，所以，学生餐厅会在蒲老师现身的一刹那，形成一片问候的海洋："蒲老师蒲老师蒲老师……好！"

蒲老师不舍得让声声问候没有回音，于是就一边走一边答应着一边笑着挥手，一时间大有领袖向万千子民致意的风采。

你可能会问：蒲老师为什么不停下来和孩子们好好说话啊？

停下来？怎么可能！那会彻底破坏孩子们的正常就餐秩序！

"我真的害怕孩子们一片声的问候，但一听到他们稚嫩、真诚的声音，又让我心动。就算不当他们的老师了，我也不能晾了这份心意，这份情我一定要承下来！所以，我，还是有点小纠结。"于是，去餐厅吃饭，成了蒲老师的一道心坎儿。

往往，一小片区域的问好声，会引发大面积的声浪，还会引来全餐厅热切、关注的目光，这常常让低调、安静的蒲老师满脸通红。我打趣说："你要不要把头侧向一边不理他们？或者，直接戴上一个面具再出现？"

快速逃离的蒲老师一边红着脸笑，一边不好意思地说："可能，只有不教他们了，他们才会想起这个老师的好。如果我一直教他们，可能，就不会有这份亲近和自然了。"

距离产生美。我认为蒲老师说得有几分道理。

但当我看到蒲老师如今在行政支持人员岗位上的兢兢业业一丝不苟的工作态度时，看到她有思想有担当有能力的各种表现时，看她在耐心解答原先班里家长的电话时，看她放下手头工作向曾经一直帮助的那个小女生讲解英语知识时，我又对距离之说产生了怀疑。

其实，对于这样一位干一行爱一行专一行的人，谁不喜欢和敬重呢？

"他们是你的学生吗？"

郑海洋，声乐硕士研究生。在北京亦庄实验小学任教期间，能及时捕捉学生身上的闪光点，乐于用音乐跟学生对话；善于将音乐与各个学科关联，组织学部和校级活动；见证过各个学段的学生成长，深受学生们的喜欢。

新学期，学校把孩子们的游乐设施又进行了升级改造，于是，不管是上课前、下课后、大课间、午饭后还是放学前，滑滑梯、走步绳、攀方格、过绳索……孩子们争分夺秒，玩的是不亦乐乎！

可是，刚刚，有两个孩子，一个胖胖的女娃娃，一个瘦瘦的男娃娃，却停下了疯玩的节奏，一起站在滑梯下，满脸是甜蜜的笑意，他们一起望向我，这，让我有点手足无措。

我，真的不认识他们！

在我愣愣地努力在脑海中翻箱倒柜地寻找印象时，忽然想到，也许，他们的笑脸，不是奉献给我的呢！于是，聪明的我一回头，真的，我身后有一个年轻的男老师，也正一脸笑意地走来，于是，我忍不住问他："他们两个，是你的学生吗？"

这男老师一怔，好像是刚刚发现他的前面还有一个大人。"是的是的，这两个是我的学生，我教他们音乐。你是怎么知道的？"

"我是看到孩子这一脸的开心的灿烂的笑，我就推测，你是他们的老师。"

这时，两个孩子不约而同地和男老师打起了招呼，好像是听到了我们刚才的对话，那个男娃娃大声说："我特别喜欢这位老师！"

男老师不好意思地笑了，对我解释说："没有什么，真的没有什么。我就是经常和他们聊天，并且还比较聊得来，仅此而已。"

我由衷地赞叹："亲其师，信其道。让孩子们如此喜欢和信任的，就是一位好老师！你真了不起！"

一看到学生，我就看到了希望

张志伟，2015 年调入北京亦庄实验小学担任校车司机。他善良，勤奋，能干，肯吃苦，觉悟高，经常陪伴大家加班加点。虽然不是党员，但一直以党员的标准要求自己。2023 年 2 月中旬，开学初的一天早上，我无意中听到了他的碎碎念。

早上 7∶30 开始一直到 8∶20 左右，来送孩子的家长，有的骑自行车，有的骑电动车，有的开小轿车，低年段的孩子一窝蜂地来上学，学校东门口就需要更多的人手。

你问有没有值班的老师？当然有了，咱们每天都有老师值班的，人数还不少呢，我平时也有值班的任务。今天不是我值班，但我没有出车任务，就自觉地去门口值勤了，之前也是这样。我认为，人多力量大，在保证安全的同时，也能让孩子们早一秒入校，再说了，大部分家长都有工作，早上的时间太宝贵，我去增加一己之力，也算是做了一件力所能及的事了。咱们自己的学校自己的学生，咱就得自己多护着点。

有的家长会在学校门口目送孩子进校园，看着孩子走过楼前滑梯走过小路走进教学楼，甚至还有的会等着自家孩子走在一二楼的楼梯拐角处时，能透过大大的玻璃再看一眼。家长嘛，总是这不放心那

不放心的，毕竟也是开学不久，这种心情我能理解。其实，把孩子交给我们，没有什么不放心的，这里的老师比家长还上心呢，既要管孩子的学习又要管平时的习惯，还要管吃喝拉撒，有时还要管咱们学生的家庭教育，做家长与学生之间的关系调解人呢，哈哈哈……

你问累吗，我怎么会累呢？这点小事！再说了，一看到孩子，我感觉就像看到了希望，心里很开心很幸福。咱们学校啊，老师们都一心一意地扑在学生身上，这股劲头让我看了都感动！我这样做，也算是不辜负亦小员工这一身份了。

早上的亦小校园门口，可以说是车水马龙。保安、老师齐上阵，指挥着送孩子上学的各种车辆。"往前开往前开，给后面的家长留点地儿。"车一停稳，大家非常自然地帮着学生拉开车门，同时送上一声暖心问候："早上好！"把孩子护送到安全通道后，再转头提醒家长："请稍慢一点，礼让一下正常方向行驶的车辆……"

负责亦小安保工作的副校长来晓梅说："为保障孩子们快速、安全地上学和放学，亦小开放了东、南、北三个校门。在东门入学的是低年段的孩子们，他们的安全意识还在逐渐增强中，再加上东门这段道路较短、红绿灯多，我校与周边学校的入学时间大体一致等原因，所以，执勤任务较繁重。越来越多的老师自愿参与到校门口的执勤中，默默关心着学生的安全，这份无私的温暖与爱，让我非常感动。我们最近还加设了党员先锋岗。安全无小事，处处皆爱护，学校的安保工作也在张善志和石少锋两位老师的带领下，更加规范和人性化。服务于学生，再精细的呵护都不过分。愿孩子们每天开开心心上学来，高高兴兴回家去。"

看来，为了学生的安全，亦小的老师们真是操碎了心啊！

"小牛叔叔回来了！"

2023 年 2 月的一个早晨，在北京亦庄实验小学东门，值班老师和保安们像以前一样指挥着来往车辆，以保证师生们的入学安全。

"小牛叔叔你终于回来了！"

"小牛叔叔好！"

"小牛叔叔你今天好帅啊！"

眼尖的孩子发现了他们想念的小牛叔叔，问好声、调侃声此起彼伏。

"小牛同志回来了？太好了！"

"以后不要再离开我们了。"

老师们也亲热地和他打着招呼。

被大家称为"小牛叔叔""小牛同志"的，是亦小的保安队长，名叫牛红方。自 2014 年 6 月来到亦小后，他已经陪伴了大家 9 年时光。"我见证了亦小一点一滴的变化，护送了一批又一批的孩子毕业，我自己也在不断地学习和成长。这里，是我的第二个家。"他说。

既然有了如此深厚的感情，那为什么还离开呢？

年初，他所在的安保公司与亦小的服务合同到期了，又没有中标新学年的服务，于是在 2023 年 1 月 10 日，他与同事们不得不从亦小撤场。

"在离开亦小的这段日子里，我公司让我负责多个项目，肩上的责任更大了，也比之前更忙碌了。但每次下了班，我都会不由自主地往亦小跑，等快到校门的时候我才猛然发现：我已经离开亦小了，已经不属于这里了。在每次得到这样的确认后，我都会感到一种莫名的痛苦。于是我向公司提出申请，以一名普通队员的身份，到亦中（即北京亦庄实验中学）做安保工作。我不为别的，就因为它也属于十一学校系统，就因为它离亦小最近。"

从亦小毕业升到亦中的孩子，还有亦小借址在亦中上学、办公的五六年级的师生们，一见到小牛同志都倍感亲切，大家争相向他问好；餐厅里遇着了，也都凑到他身边，一边吃饭一边聊天。一个男孩说："有一次我的腿受伤了，还是你帮我上下楼的呢，你还记得吗？"一个女孩说："我一年级时经常在校园里迷路，每次都是你领着我，把我送进教室。"一个男生说："有一年采摘节，我们几个同学因为做作业耽误了摘山楂，树上长得矮一点的山楂都被摘没了，长在高处的我们又摘不到，是你发现了无助的我们，就把我们一个个高举起来，让我们如愿摘到了一颗颗火红的大山楂。"一位老师说："我有一次加班到很晚了，很疲惫，等回到家才发现，钥匙忘在办公室了，还是你给我送来的呢，你还记得吗？"

大家的讲述，让小牛非常感动，他说："这些事对于我来讲都是特别寻常的，我都已经忘记了，但他们一件一件都记得，并且他们讲的时候，脸上都是那种特别满足的笑容，这让我感受到了家人般的温暖。"

这份久违的温暖和感动，让小牛坚定了自己的信念，他立刻从原公司辞职，重新入职亦小现在中标的安保公司。

"在亦小校园里，我感觉亲切、温馨又踏实。而离开了亦小，我就像迷失了一样，心里总是空落落的。可以这样说，在离开的这45天里，每一天都是煎熬。"

现在好了，小牛终于找到了他心灵的归宿！

和小牛有着同样经历的，还有在亦小南门门岗执勤的孩子们的王纪昌叔叔。当得知小牛的选择后，他也辞职回到了亦小这个温暖的大家庭。

其实，小牛离开了亦小不习惯，而亦小的师生见不到他也不习惯，大家都在打听他的去向："小牛叔叔去哪了？他怎么离开我们了？他不要我们了吗？"

当初，在一年级孩子刚进入校园时，就有"认识自己的校园"这节课。孩子们在老师的带领下，遍访了校园里的所有人员，孩子们说："校园里不仅有老师有同学，还有很多为了大家生活和出入安全而忙碌的可敬可爱的保安叔叔、保洁阿姨、中控哥哥、厨师爷爷……"

后来，每当开学典礼的时候，每当期末庆典的时候，每当庆祝教师节的时候，甚至在每一个亦小师生自己的成长节日里，保安、保洁、厨师、中控室操作员等代表，都会被邀请到舞台中央，接受大家最真诚的感谢和祝福；每当他们在工作中受到委屈时，每当他们面对急需解决的实际困难而束手无策时，是学校的领导和师生们伸出一双双温暖的手……

"我敬你、爱你、依赖你，你就是我们亦小大家庭中不可替代、不可或缺的一员。"

"我爱你、护你、成全你，我竭尽全力、任劳任怨、不计得失，为的就是这份尊重，这份责任，这份信任！"

小牛及其同事，从事的是一份最最平凡的安保工作，但这也是一件世界上最最浪漫的事：陪伴，就是最长情的告白；

亦小的领导和师生们体现出来的是最善良最宽容的初心，但也是亦小办学理念的最好诠释：在这里，每一个人都能被看见。

德国心理治疗师伯特·海灵格在《看见》一诗中写道：当你只注意一个人的行为，你没有看见他；当你关注一个人的行为背后的意图，你开始看他；当你关心一个人意图后面的需要和感受，你看见他了。透过你的心看见另一颗心，这是一个生命看见另一个生命，也是生命与生命相遇了，爱就发生了，爱会开始在心之间流动，喜悦而动人！这就是吸引而幸福……

人，只要能被看见，他就会具有无限的力量，就会产生无限的可能。

美术老师带出了历史爱好者，服了！

高元昌，硕士研究生，2016 年入职北京亦庄实验小学。在从事美术教学和课程研发之外，一直没有中断自己在雕塑方面的继续学习和国内外比赛的参加，并多次获得国家级、国际级大奖。

有一年，高老师担任三年级学生的美术老师。一次美术课上，他发现了一个不爱画画只爱看书的男生。这个男生，是一个非常特殊的存在，因为，一般的孩子在高老师的课上都会爱上画画。

"看来，这不是一般学生啊。我没有批评他，因为我认为，看书是好事，好多家长和老师都在为培养学生有一个好的读书习惯而竭尽所能，我不能打击他。虽然我是一个美术老师，但我不能因为我的学科教学，就只允许孩子在我的课堂上画画。画画，只是让孩子多一个认识世界和表达情绪的方式而已，读书的益处就更多了。于是我就对他说，看书是一个非常好的习惯，希望他一直保持，在我的美术课上，就放心大胆地看书吧，没事的。这孩子没想到我会是这样的态度，本来他还想着，如果我不同意他看书，他要和我辩论一番，看我这态度，他竟然一时不知道说什么好了。之后，他为了表示对美术课堂和对我这个美术老师最大程度的尊重，就选择了带插画较多的历史书来美术课上读。一来二去的，他对历史的兴趣越来越浓厚了。后来他在中学的一次历史考试中，竟然考到了全年级第一。这孩子激动得不行，跑来亦小抱着我就不放：'高老师高老师，我现在对历史能有如此大的兴趣，全是因为当初有你的保护啊。'哈哈哈，真是服了……"

还有一个故事。高老师有一个只教过一年的学生，"我总是想尽办法去安抚他的情绪，为的是能让他在课堂上静下心多学一点东西。我当时非常尽力，但还是没有真正找到他的兴趣点，这让我很苦恼。好在由于我们经常沟通，彼此之间有了一种非常信任的关系。小学毕业后，有段时间我们没有联系，但在他上初二的时候，突然有一天，他在微信上给我留言说：'想离开校园。'因为他认为，他总是不被认可。我按捺着内心的极度不安，不动声色地和他聊了一上午。我给了他很多中肯的建议，也给了他很多赞许和鼓励，聊到最后，他说：'原来在高老师眼里，我还是挺好的一个人呢。'之后，他并没有像自己计划的那样放弃学业，而是选择去了高职。这件事让我更加坚信，无论面对怎样的孩子，都要尽可能地发现并放大他的优点，肯定他鼓励他，他一定会做出让我们惊喜的改变。从这件事中，我找到了作为老师的价值和存在感——老师的一句肯定，也许就能改变一个孩子的一生。"

对于教育，高老师的理解是："学生，就是一颗颗种子，优秀的老师是要尽最大的努力呵护着这些种子生根、发芽、开花、结果，让他们慢慢长成他们自己的模样，而不是一味地要求他们都成长为参天大树。"

张雅昕老师的特点

张雅昕，硕士研究生，2017 年加入北京亦庄实验小学。完整地带完了一届学生，陪伴和见证了学生的成长，同时也取得了一些成绩：在北京教育学院第二届启航杯"讲述我的教育故事"展评活动中获一等奖，在市级名师工作坊分享课例获一致好评，执教的"一亿张纸摞起来有多高"荣获 2020 年度大兴区"一师一优课"一等奖，被评为区优秀班主任，所带班级被评为 2019 年大兴区优秀少先中队，四篇教育教学论文获市级奖励。

通过对亦小数学教师张雅昕的观察，我发现她有以下几个特点。

勤于反思 / 写作

2023 年 4 月，史丽英校长在亦小工作群里转发了一篇微信公众号文章《班级故事：拍卖会》，当月 14 日，学校微信公众号对此文进行了转发。这篇文章的作者，就是六年级数学教师张雅昕。9 月份，送走了毕业班的张老师，成了一年级的包班教师。刚开始，我经常看到她左手拉一个娃、右手护一个娃地上下楼梯，连打招呼都腾不出手来，只是笑着向我点头示意，就匆匆忙忙地走了。后来，在小广场遇到她，她身后的队伍长长的，安静、整齐又迅速，既没有乱跑的，也没有大声说话的。每次遇到她，我都想问一句："一年级娃娃还好带吗？"然后猜测她那一张总是笑意盈盈的娃娃脸上，会闪过什么样的表情。11 月 30 日上午，我听了她一节"数（shǔ）数（shù）"的数学课，神奇的是，孩子们上课竟然没有走神的，这让我很震惊，也更加注意孩子们的细微表现。所有孩子都在跟着她的思维走，不管是在数动物还是在拨计数器，有时还会超过她。忽然，我看到前排有一个小男生没有抬头，心中窃喜：终于看到有人溜号了！于是就径直走过去想看看他在干什么，谁知人家高高举起了小手，要回答一个难度很大的问题，并且他在回答的时候，恰好领先了张雅昕的下一步教学设计，虽然表述上不是很顺畅。

入学三个月的小屁孩，竟然会有如此高的专注力和思维水平，这是如何培养和锻炼的呢？课后，我想和张雅昕聊一聊，见有孩子过来找她，想着可以另找时间，于是作罢。谁曾想，很快地，她就发给了我一篇1000多字的文档，里面记录的正是她在这节课上的巧妙设计及学生们的思维闪光点。"好神速啊！"我说。她则回答："今天上课有一些自己的感触，趁着这点碎片时间，就随手记录了下来，也好让家长及时看到我们的课程进度以及孩子的成长变化。"

作者：你怎么会有及时反思和记录的好习惯的？

张雅昕：这是我爱人鼓励我做的，他看到我每天很辛苦地忙碌，却什么都留不下，就鼓励我多反思、勤记录。第一次听到这个建议时我很烦躁，因为我觉得光工作都忙不过来，哪有时间写！但仔细琢磨一下，感觉这是一个督促自己尽快成长的特别好的办法。一个人，也许能说出一大堆，但要动笔写，可能半天也憋不出一个字来。这也是我刚开始进行教育写作时遇到的一个很实际的困难。写作确实很锻炼人，我愿意接受这个挑战。现在的我乐在其中，能用笔记录生活、记录感悟，真好！

作者：你从什么时候开始教育写作的？

张雅昕：2017年入职后，每遇到教育教学比赛或征文征集，我会被动地写。至于比较自觉地记录，是从2022年2月我开通了个人微信公众号后开始的。

作者：教育写作给你带来了什么？

张雅昕：带来的收获有两点吧。一是如果我再教这个学段，不管是教学还是教育问题，我都可以回溯一下历史，在原有做法的基础上更新迭代，让自己有迹可循。二是完成一篇记录的同时，也是在梳理自己的思路，它能帮助我更清楚自己为何这么做，也督促我去反思下一步怎样改进可以使学生收获更多。

作者：经常听有的老师说"我是一个数学老师，写作不是我的长项"，你是不是也曾经拿这个当过借口？

张雅昕：没有，虽然我喜爱理科，但语文和英语也是我的强项，这些学科我都很喜欢。每一个老师都会经常反思，如果你想记录下这个过程，不在于你是什么学科，只要你想，你就要努力克服自己的惰性，立刻开始行动。记录本身带来的喜悦和成就感，会吸引你坚持做下去。

作者：如果总觉得没有什么可写的，怎么办？

张雅昕：先从记录"自己的这节课怎么上的"开始，哪怕都是一些干巴巴的文字，就像流水账也没关系，坚持记下去。没有谁一开始就能写得特别顺畅和完美，写得多了，也就知道怎么写了。我们写作不是为了给别人看，不是为了比赛获奖，只是为了记录本身。平时，也要多关注学生的言行，多观察课堂的变化和进展，慢慢就会有写不完的素材。多观察、多阅读、多学习，对我们的优质写作非常有帮助。

善于阅读/学习

一个人的成长，除了向身边的优秀人物学习，自我的向内发展也非常重要。向内发展的重要途径之一，就是多阅读。

张雅昕家的客厅里至今没有摆放电视机，却有一面满满当当的书墙。她说："我和家人都很爱读书，读过的好书一定要再买一本存放在书柜里，这也是一笔精神财富；我们这样做，是希望给孩子树立一个榜样，言传不如身教。"

本学期，张雅昕加入了亦小"飞刀读书会"，这是由语文特级教师李竹平牵头组织的。"我早就知道这个读书会，原来以为只有语文老师才可以加入，我也就迟迟不敢再迈进一步。完整地带完一轮学生后，我发觉自己虽然只教小学生，但也需要广泛地阅读。当我每天挤出半小时去读书的时候，那种感觉简直太享受了！"

家有一个两岁半的男娃，教室里还有一年级的40个小豆包，竟然还能抽出一定的时间静下心来读书，足以看出张雅昕对阅读的热爱。

作者：你一般都是在什么时候读书？

张雅昕：早晨孩子还没起床时；晚上把孩子哄睡后；白天没课、没会议，也完成了备课、批作业等任务时。

作者：最近在读的是什么书？对你的教学工作有什么影响？

张雅昕：最近是跟着李竹平老师的读书会在读书，共 4 本。

《教育的基础》。它让我思考在教学中如何让"素质教育"真正发生，如何克服自己骨子里被培养的根深蒂固的"考高分"的理念，怎么能带给学生"带得走的能力"。

《蛤蟆先生去看心理医生》。它让我更主动地看到身边有抑郁情况的朋友，也更敏感于人的抑郁状态，学习苍鹭医生的处理方式，给身边的人带来光。

《社会交往和情感教育》。在做评价量规时，常常能看到"社交与情感学习（SEL）"一词，这本书不仅让我意识到在日常带班中开展社会交往和情感教育的重要性，还在实践方法上给予了我一些启发。

《穷查理宝典》。查理说："我见过的聪明人中就没有不读书的！"这位智者的见识鞭策我更多地去阅读。查理很聪明，听聪明人说话是一种享受。这本书中收录了查理在各大常青藤高校的演讲稿，对塑造我的学生观、教育观有很大帮助。

作者：对于一年级的学生家长，你有什么阅读建议吗？

张雅昕：亲子共读是最重要的了，家长一定要读一读孩子正在读的书，只有这样，你才能和孩子有更多有效、有益的沟通，也能通过孩子喜欢读的书，去了解孩子在现年龄段的性格和思想特点等。家长可以在孩子读之前，启发孩子想象一下书本内容和持续的故事发展；在读的过程中，要注意交流一下对书中人物、事件的观点；在读完后，鼓励孩子复述故事内容等，力求通过亲子共读，将一本书读到极致。

"张雅昕老师的阅读非常投入。她能够积极联结自己的教育教学实践，通过对相关书籍的学习，重新建构自己对儿童、对教育的理解。""飞刀读书会"的李竹平老师对张雅昕印象深刻。

专于课堂／教学

反思、写作、阅读、学习，张雅昕的终极目的都是为自己更好地教、学生更好地学而服务。

她说："新教师上课时，总会想着要按教学设计进行，所以课堂安排得很紧张，眼里没有孩子。我曾经吃过这个亏，在一节公开课后，我被教研员批评得体无完肤。我很感谢那一次失败的公开课，让我及时反思，让我更用心地对比名师的和自己的课堂。"

"随着教龄的增长，我的眼里越来越有学生。我鼓励每个人上课至少回答一个问题，这能让我更清晰地看到每个人思维的发展。老师眼里不能只有学习能力相对强的学生，也要看到能力相对弱的学生，他们在哪方面需要我的帮助和点拨？设置什么样的问题可以让他们在课堂上也获得成就感？对于学习力很强的学生，怎么培养他们做'小老师'，锻炼他们的表达力，在课堂上更好地发光发热？我现在尽量学做一个'懒'老师，少说话，把40分钟都给孩子，最好引起学生之间的辩论，因为道理越辩越明，学生越学越勤快、越聪明。"

"这两天有听评课活动，我有一点感受：上课不能一味追求完成教学设计和顺利，要敢于暴露学生不会的问题，引导有想法的学生帮助不会的学生解决问题，兵教兵，把课堂交给学生。另外，设计中要有主要的问题串，有关注数学本质的核心问题设计，这是整节课的灵魂。"

作者：因为你善于学习和勤于反思，所以你对课堂和教学才有了如此多的真切感悟，鉴于这些感悟，你在自己的课堂上是如何体现的呢？

张雅昕：1.关于阅读。我喜欢读书，也希望我的学生多读书。我在教中高段时，设有专门的"数学阅读课"，我跟随牛献礼老师一直在研究"小学数学阅读课的开发与实践"，今年，相关的区级课题刚刚结题，我们又成功申请了市级课题。关于数学阅读，我会继续研究下去。

2.关于课堂设计。我都是以学情为重，教学设计是为了学生服务的，若在课前发现自己的设计与实际学情有差异，我就及时调整设计；若在课堂进行中发现有差异，我就按照学生呈现的真问题继续往下挖。

3.关于"小老师"。低段学生的思维是内隐的，如果想知道学生是否想明白了，就要引导他们把大脑里想的说出来，只有想明白的人才能说得清楚，这也符合《义务教育数学课程标准（2022年版）》里提到的"会用数学的语言表达现实世界"

的核心素养的落实。另外，就学习本身来说，能复述、会讲解，是高级的学习表现，让已经会了的同学做"小老师"来讲解，对这些学生来说也是一种提升。

作者：你认为，自己的数学课堂有着什么样的特点？

张雅昕：有趣，有思维深度，学生主导，确保十分之九的学生能学会。

作者：一个老师的特点，一般也会体现在她所教的学生身上。那么，你的学生有哪些让你感到自豪和骄傲的地方？

张雅昕：上一届已经毕业了的学生，我从一年级开始就带他们以思维导图的形式，总结单元知识点，到了中高段后，有的孩子的作品已经非常精美，我会把这部分作品复印给全班同学作为"有版权"的复习材料，这一点，让我很自豪。

这一届一年级的学生，很喜欢读书和做读写绘的任务，但这不是我一个人的功劳，我的搭班老师在培养学生阅读和写绘上，也下了很大功夫。

乐于尊生 / 爱生

2023 年 12 月 7 日，张雅昕要带孩子们上体育课了。

她说："这是一个借助数学学科'认识时间'这一课程内容，而进行的'老狼老狼几点了'的体育游戏，灵感来自我们级部朱玉婷老师，其间，我又加上了针对我班孩子实际情况所做的一些小改变。"

由于之前他们已经共读了《老狼，老狼，几点了？》这本数学绘本故事，所以当天在讲明游戏规则后，张雅昕就带着孩子们在教室里实际操练了两次，很顺利；之后，师生一起来到操场，开始一轮一轮的狼和羊的角色转换。孩子们在游戏中能够获得很多体验：在扮演狼和羊两种角色时，孩子们会知道"一一对应"关系；每只"狼"在拨钟表、每只"羊"在确认时间时，会对时间这一概念有进一步的认知；在游戏进、退之间，还有关于步幅与步数的认知；"狼"在熟悉游戏规则后，还应把握抓"羊"的最佳时机……

在最后一轮游戏里，由于"狼"的队伍里少了一只，张雅昕临时补缺，她与孩子们一起来来回回地跑啊抓啊，年轻的脸庞上洋溢着孩子般纯真的笑容。

12 月 19 日下午，张雅昕带着来自不同班级的近 30 个孩子，准备开展英语社团活动。一个孩子非常着急地跑进教室，她很自然地一把揽住，帮孩子放好书包，柔声安慰说："慢慢来，不要着急，我们还没有开始呢。"

伴着视频，张雅昕和孩子们一边唱着英语歌一边做着游戏。在复习各个手指的读音时，她靠近每个孩子，让他们看清发音位置，一遍又一遍，直到全部正确为止。

"既能教数学还能教体育，现在又把英语教得如此顺畅和有趣，真不愧是全科教师啊！"我说。

"哪有，我只是喜欢和孩子们一起玩罢了。"张雅昕笑着说。

张雅昕的爱生尊生，就是把自己努力武装到牙齿，之后，再全身心地、游刃有余地和学生一起无拘无束地玩耍、做游戏。

作者：在前面你曾说过，语文和英语也是你的强项，那么，除了数学、英语、体育、阅读之外，你还会和孩子们玩什么？

张雅昕：我还会和孩子们一起赏析名画，带孩子们一起画画，听他们讲画里的故事，小朋友的想象力和创造力会让你震惊的；我还会带孩子们一起劳动，共同维护教室的整洁；我还会和孩子们一起做有趣的科学实验，一张纸能对折几次？怎样叠纸飞机能飞得更久？我们还会一起玩益智游戏，比如魔方、阿基米德积木、数独……等到孩子大一点，可能就不和我一起玩了，那时，我会给他们准备好各种益智棋类和他们喜欢的桌游，在旁边看着他们玩。

作者：你如何理解"包班"？

张雅昕：我认为，包班，就像过日子，就是和孩子们一起过日子。首先要爱学生，眼里有学生；还要有专业性，能上好课，或者一直钻研如何上好课；还要善于沟通，要经常和孩子、家长沟通；还要努力成为全科老师，在不擅长的领域坚持学习。

作者：作为一名包班老师，你有什么教育目标？

张雅昕：我希望能培养多元思维的人才。每个人会有自己的优势学科和长处，但我希望每个孩子都能对每个学科投入十分的兴趣和努力，了解重要学科的重要模型。去经历成功或失败，去感受理科的逻辑美，去拥抱文科广阔的胸怀，去体验艺术的浪漫，在体育锻炼中强健体魄……最终，成长为一个有独立思考、有独立判断、有勇气追寻真理的对社会有用的人。

"和雅昕共事，能感受到她爱着她教的每一个孩子。她能叫出每个孩子的小名，上一届孩子，被她这么自然又柔情地叫了六年。今年从一年级带起，不到一个月里，她又开始叫着小名和孩子们对话，她的语调平和又坚定，那种温情自有万钧之力，孩子们都很开心地跟随着她，像朵朵葵花追随着太阳。她一直带着自己独有的、从容的智慧，波澜不惊地带领孩子们在数学的世界里一路前行，循循善诱地点燃智慧的火花，热情洋溢地给出最及时的赞美。她的爱心让她总有温暖的收获，她享受着自己的教育生活，也感染着身边的每一个人。"一年级级部主任祁梦婕老师的中肯评价里，充满了佩服与感动。

爱生尊生、专于课堂教学、善于阅读和学习、具备良好的反思习惯和教育写作能力……集合了亦小优秀教师众多特点的包班老师张雅昕，也恰好契合了创校校长李振村老师在 2013 年时，对包班老师的能力要求：有学科底蕴，会讲故事，有游戏精神，有交往能力，有艺术修为，有教育读写的素质和能力。史丽英校长说："张雅昕是亦小不可多得的人才，在她的身上，我们看到了面对未来不确定的世界最重要的品格——坚韧。"

曾经，李希贵校长在回忆小学教师对自己的深远影响后，有一句非常激励一线教师的总结，他说："教育家就在我们身边，就在平凡的课堂上。"对此，我深信不疑。

第三篇

从此心里又多了一份牵挂

張進 作

《菊花》

一年级新生开学趣事

2023 年 9 月 4 日，是北京亦庄实验小学新学期开学的日子。虽然已有过一次入校体验，但对于一年级的娃娃来讲，正确地找到老师和班级，还真的是一个不小的考验呢。

7：30　找啊找啊找老师

"我记得你，你是李老师，我就是你班的！"一个小男孩对着七班的李青老师笃定地说。

李老师也表示认识这个娃娃："孩子，你第一次来校注册的时候，确实是我接待的你，你的口头表达能力特别强，非常流畅和清晰，给我留下了深刻的印象。但，你真的不是我们班的。"一起搭班的董小涵老师也对照七班的名录查了一次又一次，确定没有这个男孩的名字。级部主任祁梦婕过来了，带孩子去找其他老师，几番寻问，原来这个男孩子是五班的。男孩子不放心，自己还查了一下五班的名录，直到找到了自己的名字，他才放心归队。

"老师，我是我们班的一号学生，但是我找不到我的老师了。"

正在拍照的我也被问路了，刚想帮忙，就在这个男孩子的身后，一位女老师一把拉住了他："你是陈同学吗？你不记得我，我可记得你呢，你可是我们九班的一号学生！"

正在执行摄影任务的周韩老师也被一个小女生问路了，幸亏女娃娃知道自己是哪个班级的，只是她刚才着急往校园里面赶，而无视地路过了。在周老师的帮助下，她顺利找到了自己的老师。

早到的孩子也在帮着老师寻找自己的同学。这个女孩子打着手势说："我是十一班的，十一班的同学在这里集合啦！"

一个正急着往前跑的男孩子一听此话，一个紧急"刹车"，惊喜地问："这里就是十一班吗？我是十一班的！"

"太好了，加入我们的队伍吧！"小男孩受到了老师和同学们的双重欢迎。

李伟老师在餐厅门口遇到了一个问路的女孩子。"这孩子找不到自己的班级了，我去送送她。"

8：00　我们进教室啦

"同学们，我们进教室吧。"

老师们招呼自己班的学生陆续通过走廊走进教室。

走廊上，各式各样的装饰设计和丰富多彩的课程照片，引起了孩子们的极大关注。

在一年级一班小水滴教室，早到的学生都很安静，在马蓉老师的照顾下，有的在收拾自己的书包，有的在翻看新书。第二拨学生在滕安宁老师带领下进教室了，他们先将书包放好，之后再找到自己的座位。

"我们可是一年级里最先乘坐小火车的班级呢，大家可要安全又迅速啊！"

8：30　坐小火车入场

一班的孩子很快整好了队伍，在两个老师一前一后的护送下，在志愿者的帮助下，"小水滴"们全部坐上了小火车。他们眼里闪着亮光，开心地咧嘴笑着，"好了'小水滴'们，大家看我，我要记录下你们这个幸福时刻！"细心的两个老师给孩子们拍照记录。

"有请一年级新生入场！"

在开学典礼小主持人的热情主持下，在热烈的掌声中，在"开车啦"的提醒之后，"小水滴"们坐在小火车里，经过开学彩虹门，来到了典礼现场。一年级其他班的同学也坐着小火车陆续抵达。

"欢迎一年级新同学！"

"开学啦！"

在全场欢呼声中，亦小2023—2024学年第一学期开学典礼开始了。一年级的600多名学生，也从此开启了在亦小的幸福学习时光。

你要说未来　不能只说未来

经过一周的酝酿和忙碌，2023 年 12 月 29 日，亦小 "@ 未来 2024 新年庆典"活动使全校师生进入了狂欢状态。面对摆放在校园各处的摊位，身着各色服装的孩子们激动万分。

你要说未来，不能只说未来，你要说上下五千年先祖们留下的传统文化的丰厚和多彩。

传统的摊位面前，人头攒动。

京剧、变脸、皮影戏，糖人、糖葫芦、棉花糖，剪窗花、画年画、写春联、描福字、捏兔爷、编中国结、抖空竹、滚铁圈、做灯笼、缝福袋、绘脸谱、做彩泥人……

这些丰富多彩的活动，是亦小师生对中华优秀传统文化的传承和发扬。

民族的，就是世界的；民族的，更是我们自己世代相传的。

你要说未来，不能只说未来，你要说现在的我们上上下下团结一心的凝聚和豪迈。

此次活动中，学生摊位特别引人注目。

每个摊位有几人负责？摊位上要卖什么？各自如何分工、合作？都由学生自己说了算。

要想吸引大家来体验、来选购、来参与，话术是什么？绝招是什么？摊主们使出浑身解数，可谓是你方唱罢我登场。

你的摊位是需要动手操作的，那我的可以是用嘴品尝的；

你的摊位上有漂亮的文具，那我的就可以有毛线手工……

除了学生自主摊位外，还有家长志愿者摊位和教师摊位。有的摊位主打体验，有的主打消费，有的是科学的、艺术的，有的是体育的、数学的……

一楼、二楼、三楼、四楼，A、B、C、D、E各区，甚至体育馆、操场、交流厅、小剧场等所有可以开放的场馆，都被一个个精致的摊位占领，都被孩子们的欢声笑语包围。

一个个摊位，就是一个个孩子之间的团结、协作、交流区，就是一个个德智体美劳心的"六育"培养区，是对学校一直关注和建设的良好同伴关系的巩固和检验。

你要说未来，不能只说未来，你要说我们对未来科技探索与创新的拥抱和情怀。

老师们在新年庆典当天穿什么？这可让孩子们费尽了心思。可爱的？可怕的？童话的？梦幻的？

为了给英子校长设计出心仪的服装，六年级的孩子在美术老师郭晓蓉的协助下，进行了精心设计和制作活动；为了让心爱的老师穿上自己设计的未来服装，班里孩子可以说是八仙过海，各显神通。

谁的设计更具未来感？老师穿上是否更像未来人？

"那么，未来人到底什么样？"有人问了。于是有的龙娃十分硬气地说："我想他是什么样，他就是什么样！"

瞧瞧这位幸福的老师。据说，从选布料到最后成衣，都是两位小设计师独立完成的，而且衣服竟然可以发光，超级厉害。

VR 竞技体验、程小奔踢足球、快乐星球、AI 摄影……这些充满科技感和未来感的摊位前都排起了长长的队伍。有需要自己单打独斗的，有需要双人竞技的，还有需要多个伙伴间默契配合的，要想得到最佳体验，在静心排队的同时，提前准备应对策略则是必不可少的。

有深厚的传统文化做底蕴，有"四有两能"做积淀，我们亦小龙娃有着十足的文化自信；有同伴间的互帮互助和团结一心，有强大的科学技术做支撑，有万能的家长和老师做后盾，我们亦小龙娃有着十足的力量自信；同时，我们还有积极探索的热情，我们有求真创新的情怀，我们有直面未来的勇气和渴望。

那么，就让我们一起 @ 未来：快来吧，我们准备好了！

龙娃龘龘向前冲！

2024 年 2 月 26 日一大早，北京亦庄实验小学门口热闹非凡。

在由各色气球拼成的开学彩虹门之下，在哪吒、龙娃等卡通人物的迎接下，在优美的乐曲声中，经过了假期休整的"龙娃"们，欢天喜地地奔向校园。

——你带作业了吗？

A 男孩看着我，开心地说："带了，也完成了。"

——你的作业是怎么完成的？

他老老实实地回答："我是临时赶工完成的。"

我看了旁边的家长一眼，脑补出了很多所谓的"中国速度"画面，忍不住笑了起来。

B 男孩说："我是每天都有一定的作业量，每天都有一定的运动和玩耍的时间，这样就会有一个很好的学习、运动习惯。"

C 女孩说："我和爸爸妈妈回老家过年了，回北京后才开始做作业的，我把所有的作业都分配好了时间，没有感觉太散漫，也没有感觉时间太紧张。"

——说出你的新学期挑战吧。

A 同学大声说："新学期我要有计划性！"

D 同学说："我要好好学做家务。"

E 同学说："我要挑战画画，多参加美术活动。"

F 同学说："我要挑战舞蹈，我很羡慕会跳舞的同学！"

——请抽取你的新学期红包吧。

一位同学抽取红包后，紧紧握在手里，不舍得打开。我问他为什么，他说：

"我要等回到教室后，和我的全班同学一起打开它，再分享它的内容。"

一年级的陈同学抽了一个红包，和武同学一起走向教室，他们边走边交谈——

"你知道红包里面是什么吗？"

"我捏了一下，好像是卡片。"

"我很想知道写了什么。"

"那我们就拆开看看吧。"

说拆就拆，两个孩子细心打开层层包装，看到了由学校老师认真填写的新学期祝福。

一位老师的祝福是："孩子，可能我们并不熟悉，但我的祝福是真诚的……如果有需要我的地方，请一定记得来某某教室找我。"

另一位老师写的是："在新学期里，用勤奋和汗水浇灌梦想的花朵，让它绽放出最美丽的色彩！"

"哇，老师对我们实在是太好了！"

眼看就要到 8：20 了，这可是"龙娃龘龘向前冲"开学典礼的时间。

"新学期即将开启，你们准备好了吗？"

走廊上的孩子们边跑边回答："准备好了！"

太好了，那就让我们一起，奔向新学期，奔向更好的自己。

闯关，我们是认真的！

走廊上，一年级六班的男生景同学朗声问身边的老师："老师，我们什么时候开始语文的闯关啊？"和他坐在一起的，还有五个同学，他们在问老师的同时，齐刷刷地望着路过的我，脸上有着掩不住的骄傲。"我们已经闯完英语和数学两大关了，说实话，我们都等不及了！"

与其说他在问下一步的闯关，倒不如说他是在炫耀实力。老师笑了："你们可真厉害呢。其他同学还在闯关，咱们需要等等他们。"看几个孩子的眼睛一直在瞟向我，我也禁不住向他们竖起了大拇指。

2024年6月20日早上8:30，亦小一年级16个班的孩子，开始了本学期的"乐考"。乐考分数学、英语和语文三科进行考查。

第一关是数学乐考——"数"你最棒。孩子们需要先根据要求拼图形，这一环节叫作"玩转七巧板"；然后将老师给出的数字按顺序排好，也叫"探秘百数表"。这两个环节均有两分钟的时间，但有部分同学不到 15 秒就拼好了七巧板，大部分同学则在 40 秒左右就排好了数字的顺序。当然了，顺利通过这一关即可进入英语的乐考，也就是第二关——"英"勇向前。老师随机翻开印有英语字母的字卡，孩子们正确读出三五个，即视为闯关成功，便可进入语文的乐考——也就是景同学盼望的第三关——"语"你同行。

9：30，第三关的语文乐考准时进行。

语文乐考也由两部分组成。其一是字海漫游。由学生自己抽字卡，先读出一个生字，再读出由此所组成的词，最后再读出自己随机选择的一段文字。

其二是能说会道。在这个环节里，先给学生设置一个情境，比如通过向同学的家长打电话，来约同学在某一个时间去做某件事，再如向新来的同学介绍一款大家经常玩的游戏，又如向老师提出自己的某项需求。这样既锻炼了学生的口头表达能力，又考验了文明礼仪，还考验了学生在对方身份不一样时的称呼及语言表达的详略等。

在一年级二班教室，大家正在认真听老师讲乐考的注意事项，一个小女孩却忽然跑出了教室，原来她忘记带自己的闯关卡了。返回教室后，见乐考老师和同伴都在静静等她，她大方地向大家道歉："对不起，耽误大家时间了。"当她来到"能说会道"这一关时，她需要向新来的同学介绍一款游戏，她说的是捉迷藏，吐字清楚，思路清晰，讲起来非常顺畅。她的突出表现，得到了老师的大力表扬。

走廊上，我再一次遇到了景同学，他腿上摊着语文书，不知道在想什么，见到我后，脸上立刻布满了浓浓的笑意："老师老师，我们的闯关真的太有趣了，今天很开心！"

不管是走廊上还是教室里，到处是高调炫耀的孩子们。

大约上午 11：00，一年级孩子们的乐考全部结束了。

对于此次乐考，一年级级部乐考项目负责人和首席教师张雅昕、汪晴两位老师评价说："我们这次乐考，各学科老师立足本学科素养，围绕'夏日乐章，精彩一下'闯关主题，共设计了'语'你同行（字海漫游、能说会道）、'数'你最棒（玩转七巧板、探秘百数表）和'英'勇向前三个关卡，力求让乐考闯关成为让学生乐学善学的重要激励。一年级小豆包们在精彩纷呈的闯关活动中，回顾了本学期的学习和成长，获得了信心和勇气，激发了他们对未来的更多期待。"

一年级乐考开始了！

一楼大厅见闻

2024 年 12 月 27 日 9∶00，多位一年级小朋友聚在一楼大厅的照片墙旁边，翻找着自己老师的照片。

"瞧，我班刘老师就在那里呢！快看，最高处那一排的左上角那张照片，就是我们的刘老师！"

一个小男生兴奋的声音吸引了大家的视线，和他同行的女同学按照他说的位置很快就找到了他们的刘老师，"真的呢，刘老师就在那里！"两人忍不住欢呼着跳了起来。

照片挂得很高，但眼尖的孩子还是找到了。

"我也找到我班的程老师了！"另外两位手拉手的小男生也跳了起来。

"你们在做什么呢？"我问。

孩子们说：

"我们在找老师。"

"我们在玩转校园。"

"我们在乐考呢。"

转校园！记得刚刚从借址的学校返回自己的校园时，一年级的小龙娃们曾在四年级大哥哥大姐姐的帮助下，手牵着手看过校园的每一处风景，为什么现在还在转校园呢？

恰巧遇到一年级级部主任王婷婷，王老师说："这是孩子们两人一组在寻找校园里的闪光点，之后会介绍给期末进校观剧的家长们，他们这一次充当的是小导游的角色，这也是我们期末乐考的一部分。说起乐考，三楼体育馆才是我们的主场呢！"

转战主场体育馆

一进三楼体育馆，一股浓浓的年味扑面而来。

喜庆的新年音乐，红艳的服饰、头饰，色彩缤纷的地标、指示牌，琳琅满目的礼品超市，还有师生们那满脸洋溢的温暖的笑容，都让人从冰冷的天地间陡然进入到一个温馨、香甜的新年联欢现场。

据孙冬雪老师讲，早在半个小时前，这里的乐考就已经开始了。

"足球是什么形状的？如果让你搬运这些足球，你用什么样的工具最合适？为什么？"

"这个彩笔筒是什么形状的？如果把它们运往右手边的生活超市去，用什么工具最合适？为什么？"

孩子们在准确说出形状之后，还会根据实物的特点，来选择用小塑料盒还是用纸箱、板车或者是用大铁框车来搬运。

我发现，孩子们在面对实际的场景时，特别容易想出办法，有的还会自己选择更佳方案。现场有一个小男孩为了更直观体现自己的方案，在回答问题时，竟然把纸箱子抱到了考自己的老师面前，以至于别的老师一时找不到道具去哪了。

在旁边大大的生活超市里，排列着三大组共六排货架，每个货架都分上、中、下三层，排列着各种文具、球类、魔方、龙娃、棋盘、牛奶、蔬菜、花草等，我竟然还看到了土豆西红柿辣椒胡萝卜！

"请你读出这三张标签上的字。"

"请你将这三张写有商品名字的贴纸标签，放在相应的货物旁边。"

"货架里的标签有的放错地方了，请你找出来，并把它们对应放好。"

"请你挑选出带有相同偏旁部首的三个字，并读给老师听。你挑出的这三件物品，老师就当礼物送你了。"

"请你随机抽一张算式，并把这个算式和结果，用讲故事的方式讲给老师听。"

大部分孩子非常顺利地通过了一道道关卡，有个别孩子因为认字不多，需要在老师的帮助下才能完成。所以，有的孩子的乐考卡片上盖满了奖章，有的则还有几个空着。至于是不是盖满了奖章，孩子们并不在意，因为他们手里拿着的，可是

自己心心念念的礼物呢。

在一个用彩条围起来的方框里，六个孩子正站在里面向外掷骰子，六双眼睛好奇地盯着滚来滚去的骰子，以此来确定他们将要演唱的英文歌曲。

在多种文具用品面前，孩子们需要根据老师给出的例句，用英语讲出包括书包、本子、铅笔等名词在内的一句话。

约一个半小时后，最先来到现场闯关的班级已经完成闯关，于是，兑换奖品的那一排桌子就成了最热闹最拥挤的地方，有的孩子兑到了鲜红的春联，有的是大大的福字，还有的是实用的文具，最重要的是，他们都凭自己的努力，领到了狂欢节的门票！而令人激动的狂欢节，将在 12 月 31 日举行。

经过现场的亲身体验，再对照着活动方案来看，我发现这次一年级的乐考活动，具有极强的生活性、学科的融合性和课程的完整性等特点。

活动中的所有环节，都是从纸面表示转到了生活场景，在老师或问题的引导下，孩子再根据生活实际转化为口语表达，如搬运方案、算式故事、物品与标签的一一对应、对文具等物品的英语讲述等。活动内容涉及了借址在外上课时的"猫耳洞课程"中的猫耳洞、猫耳东先生等元素，还穿插着亦小吉祥物"小龙娃"，甚至在超市的货架上，一个个小龙娃也闪亮登场了，这里面，有校内与校外、课程与生活的无缝衔接和自然延续。这些关卡所设置的一个个细小环节，都能考查得出孩子们在认知、观察、现场应变、沟通表达等学科素养方面的能力和水平。

"场馆里是我们一年级的所有孩子吗？"我问王婷婷老师。她笑着回答："不是的。我们一年级共有 18 个班，分为上午和下午两拨各 9 个班分别进行乐考。下午需要闯关的孩子们，现在这个时间是在转校园，也就是你在一楼大厅里看到的那些孩子；在这里闯关的孩子们呢，等全部闯关之后，会由老师带着去大操场坐小火车，因为我们一年级的孩子都特别喜欢坐小火车，所以我们就满足他们的愿望了！"

操场的小火车开动啦

中午 12：30，在阳光明媚的大操场上，停着一列小火车。虽然已是中午，但寒风凛冽，体感温度很低，却依然无法阻挡孩子们坐小火车的热望。一个班的孩子们，在两位老师的带领下，在家长志愿者的帮助下，三人一排，叽叽喳喳地坐进了小车厢里。

家长志愿者拿着大喇叭向孩子们讲解安全注意事项，之后，"开车了！开车了！"司机鸣响汽笛，小火车缓缓启动。

"好冷啊！"

"好开心啊！"

"哇，太好玩了！"

寒风里，孩子们仰着开心的笑脸，不断摇动着手里的小红旗，嘻嘻哈哈地说啊笑啊，哈出的一团团热气在阳光和寒风里呈现出神奇的梦幻色彩，就像孩子们无以言表的快乐。

另一个班的孩子都准备好要坐小火车了，这个班的孩子还不舍得离开车厢呢。

从小火车下来后，孩子们还会满校园寻找最需要向爸爸妈妈讲解的校园风景，还要为这个讲解做好万全的准备；之后，他们还会在装扮漂亮、年味浓郁的新年教室里，书写自己的愿望。这个愿望，可不是某一年的愿望，而是小学阶段自己的愿望，等到毕业的时候，大家再一起翻看和回味。这项活动的意义重大，所以孩子们在书写愿望时，神情是郑重又严肃的。

总之这一天，对于一年级的孩子们来说，是充实的、快乐的、幸福的、有意义的，肯定也是他们最难以忘记的。

你有秘密吗？

早上，教学楼一楼的"说出小秘密"心理信箱处，有一个小男孩在围着和他差不多高的这个信箱转来转去地看。

咦，这是什么？

一位女老师上前问："你对这个信箱很好奇？"

他说："是的。"

"你也可以把你的小秘密写下来，放进这个信箱里。"

"我想知道里面的小秘密都是什么。"

"哈哈，这里面的小秘密都被保护起来了。"

他尽量让自己靠近投信口，说："里面好多信呢，可是怎么样才能看到呢？"

他说着，试着将信箱移了一下，发现信箱并不是很重，他很开心地看了老师一眼，就又移了一下，他看到了设在信箱底部的取信口，只是，上面挂着一把小锁，并且，这个取信口应该是被像他这样好奇的孩子掀起了一角。

他看着那个半打开的取信口，忽然就"咯咯咯"地笑出了声，就像有雾的清晨传来的清脆歌声。

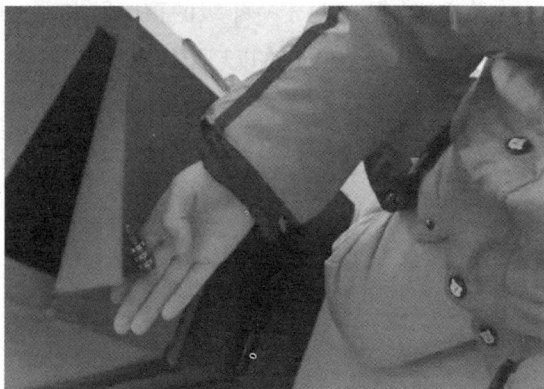

他摩挲着小锁，问："它的密码是多少呢？"

老师问："如果你知道密码，你会随便打开它吗？"

他说："会，我会打开它看看里面写的都是什么秘密。"

他将头凑近取信口那个被打开了一半的小窗口，尽力地往里看，看啊看，仿佛定格了一样，一点也不担心时间的流逝。

这里藏着什么秘密？

"唉，只能看到有信，但还是看不到秘密。"

老师说："如果很容易让别人知道的话，那还算什么秘密呢？"

看他一脸失望的呆萌样子，老师不忍心了，说："你可以随时注意观察着，会有谁、在什么时间段、用什么方法打开这个信箱，之后，你和那个老师商量一下，自己能不能也看一眼里面的小秘密，就一眼。因为负责这份工作的老师，肯定需要像你这样的小助手。"

"真的吗？那太好了。可是，可是我现在要上课了，你帮我一起观察着，好吗？"

老师答："好的，这也算是咱们之间的小秘密吧。"

他走了几步，忽然又回头说："老师，我姓张，我们全家都姓张。"

等女老师和小男孩走远，我弯腰触了一下取信口被掀起的那个角，竟然是铁质的！呵，孩子们的好奇心得有多大。

正是这份珍贵的好奇心，才是打开这个多彩世界的唯一钥匙。愿人人都葆有一颗好奇心，愿人人都懂得保护这颗好奇心。

你的秘密我们来守护

2023 年 3 月 10 日下午 4：30，学校心理教师韩青打开了心理信箱。韩老师说，这个心理信箱是两年前设立的，每周五这个时间她都会开箱收信，有的孩子也会将写有小秘密的信直接交给她。孩子们的这些来信，会以匿名的方式，连同专业教师的细致回复，一一刊登在校报上；极个别特殊的来信，也会有相关老师连同班级教师一起，进行特别关照或跟踪处理。

据了解，2023 年 1 月份，北京亦庄实验小学心理学科被北京经济技术开发区认定为区心理学科教研基地。首席教师温鸿洋介绍说，亦小的学生心理健康教育覆盖比较全面，三到六年级每班每周都有一节心理健康课，课程内容包括自我认识、情绪管理、人际交往、社会适应、生命教育及学习技能六大板块。亦小高度重视家校合作，重视发展医教结合，开创引进北京大学第六医院国家级教育项目"ADHD系统式儿童执行技能训练"，为特殊儿童家长定期开办融合教育和心理咨询，缓解家长焦虑，助力儿童健康成长。

"请不要忘记周五下午的戏剧排练……"

2023 年 3 月 31 日中午，亦小学生自主社团——飞鸟戏剧社团的团长张若萱同学，将一张纸条悄悄粘贴在了我的办公电脑上——"亲爱的边老师，您不要忘了今天（下午）4∶30 — 5∶30 录课室上社团。您也可以带上其他老师一起来哦！"发现我回办公室后，她又返回来口头提醒了一遍，很认真的样子。

同样的邀请，上周我也收到过，只是我忘记了。这一次，我一定参加。

录课室外面的 5 分钟等待

16∶25，我提前来到二楼录课室。录课室里有很多人在开会，张若萱和几位同学在门外等候。见我过来，她非常开心，对我说："欢迎你啊边老师，其他老师还在用着录课室，我已经和两位老师沟通过了，16∶30 以后的一个小时，都是我们戏剧社团的活动时间，希望他们能去别的地方开会，老师进去和大家商量了。"

这么长的一句话里，包含了很多内容。张同学是真能干啊。

我说："里面还有不认识的老师在呢，是不是我们稍稍让一下啊？就让他们在这里开会，咱们另找教室可以吗？"张若萱还是那个非常认真的表情："边老师，不行的。我的同学都知道这个时间段我们要在这里进行活动。我之前是通过'亦小 APP'预约了的，如果换地方，我需要提前通知到我的每一个成员，现在已经来不及了，我们不能换地方。"

"再 10 分钟，会议就结束了，我们是否可以再继续占用一会儿录课室？"前面一位年轻老师沟通后出来说。张若萱很爽快地答应了："可以的老师，没问题，我们就在门口等一会儿，我的同学也还没有到齐呢。"

正说着，里面的会议结束了。

说实话，我不知道会议是提前结束了还是换地方继续进行了，我一看时间，刚好 16：30。

亦小学生对工作的认真、坚持、自信，老师对学生的尊重、退让和以身作则，都在这 5 分钟的时间里展现得淋漓尽致。

以游戏为主、表演为辅的半小时热身

因为前面的会议，录课室的桌椅被摆成了圆桌形。飞鸟戏剧社团的成员一进门，就开始重新摆桌椅。张若萱小手一挥："不用重摆了，就用这个，正合适！"

"我们一共 12 人，今天到了 10 人。A 同学请假了，B 同学既没有请假也没有来，可能是被其他活动耽误了。现在，咱们先进行一个小游戏，既是热身，也是锻炼大家的表演水平。"张若萱宣布说。

有两个同学需要尽快赶作业，不想参与游戏，张若萱就让他们在一边做作业，要求是：静静做自己的作业，不能出声干扰其他成员做游戏。

张若萱先将 7 名同学集合成一列，仅让第一位同学面向她，她悄悄说出游戏要求后，这位同学就表演给后面的同学看，依次类推。最后一位同学将猜到的表演内容说出来，并向第一位同学求证是否猜对了。之后，张若萱就简单说一下哪位同学的表演好或是哪位同学的哪个细节没有表演到位，然后开始新一轮游戏。

孩子们一共进行了七轮，除第四轮和第六轮完全正确之外，其他几轮都有不同程度的偏差，有一次大家甚至把毛毛虫最终表演成了土拨鼠，大家嘻嘻哈哈地重复着同伴的动作，不亦乐乎。

此时，坐在录课室后排的韩青老师大声提醒说："半个小时了。"

闻听此言，张若萱立刻宣布："热身结束，排练开始！"

不知不觉间，有两位老师曾出入过这间录课室，他们是出于对学生自主社团活动有序和安全考虑而存在。如果学生有什么需求，老师可以在学生明确提出要求的前提下，出面帮助。这位提醒时间的韩老师，正是应了张若萱之前的要求："我们的游戏需要半小时，韩老师，请您记得提醒我一下。"

正式、严肃、紧凑的半小时排练

排练开始。

张若萱立刻从刚才的游戏组织者变身为导演："今天我们需要对《了不起的狐狸爸爸》的序幕和第一、第二幕进行排练。由于有同学请假，空缺了两个角色。正好 C 和 D 两位同学的角色今天排不到，你们两个愿意代排吗？"

C 和 D 两位同学表示他们想利用这个时间，好好看看其他同学的表演，并且自己还需要好好熟练一下又长又多又拗口的台词，不想代排。

张若萱很爽快地同意了，差不多同时，有两位男同学自告奋勇。于是，排练顺利开始。

孩子们收起上一环节时的嬉笑，一本正经地进入到了各自的角色中。虽然其间也会有一两个孩子搞小动作，但整体上还是非常严肃认真的。这，让我深感意外。

此次排练内容中，涉及的角色有三个所谓的坏蛋，它们想通过挖地洞来赶走狐狸一家。当然了，还有狐狸一家全部成员：狐狸爸爸、狐狸妈妈和三只小狐狸。

"对于挖洞的动作，你们三个人先是各挖各的，动作最好不一致，后面要慢慢达成一致。

"挖洞的地方，不能离狐狸一家太近，但也不能太远。这个距离，还要根据舞台的大小而定。

"三只小狐狸，你们既要体现出活泼、可爱的一面，还要体现出对妈妈的深深依恋；眼睛不能四处看，要记得时不时地看向狐狸妈妈。

"在大家出场前，我会放一段音乐。今晚我会把这段音乐分享给大家。音乐放到某个地方时，大幕拉开，

大家就一起上场。上场时，我们一定要带着角色中的动作和表情。

"在转换场景时，我也会加一段音乐。音乐一放，大家就要慢慢掩入附近的大幕中。"

……

张若萱有板有眼地导着戏，她手里拿着剧本，有时和大家站在一起，有时直接坐在地上，有时又坐在了桌子上，俨然一副国际名导的不拘架势。

"还有5分钟。"猛不丁地，韩老师再一次提醒时间。

张若萱招呼大家坐好，开始对此次活动进行简短总结，她提出了三个问题：一是人员到位问题，二是成员们要提高对台词的熟悉程度，三是排练中出现的其他小问题。"希望大家继续进行角色揣摩，台词要熟练到能背诵的程度，不能耽误下一次的排练进度。此次活动结束。"之后，张若萱整理队伍，在韩老师护送下走到学校门口，那里，有正在等待孩子放学的家长。

在观看孩子们游戏、表演和排练的过程中，我没有说一句话，但内心有很多很多的感慨——

是什么，让孩子们能够如此自信、自然、自由地表达着自己？

是什么，让孩子们能够如此执着和坚持着自己的做法和观点？

又是什么，让孩子们能够选择了并进行着拓展着自己所喜欢的和所擅长的？

……

在亦小，像飞鸟戏剧社团这样的学生自主社团累计已有55个。

在这样包容、有爱的环境中，经过一两年乃至五六年的自主锻炼，这些孩子最终会长成什么美好的样子呢？十年呢？二十年呢？他们又会为家庭为社会为国家带来什么样的昌盛未来呢？

真的是不可限量。

注：关于"学生自主社团"四篇文章的相关说明

《请不要忘记周五下午的戏剧排练……》《我们要对老师"下手"了！》《一次角色竞演》《他们要拍小电影了？》四篇文章，均是对亦小学生自主社团——飞鸟戏剧社团的真实观察和记录。

史丽英校长一直认为，学校，是学生步入社会之前的练习场，是试错成本最低的地方。于是，在每学期的社团组建上，亦小都会为那些有想法有能力有意愿进行独立实践的孩子们提供一个自主成长的机会，于是，学生自主社团应运而生。

　　亦小的学生自主社团，是完全由孩子们自主管理、自主运营，自己想办法决定谁做社长（团长）、如何做课程、如何进行规划和策划等的一种社团，专业老师会做次数极少的相关指导。平时在进行活动的时候，老师会作为旁观者和安全管理员一直守在学生身边，但不做任何干预，除非有学生明确提出需求。除了增强孩子们的专业素养和兴趣爱好，更重要的是锻炼他们在与同伴相处时的情绪管理能力及矛盾解决能力，养成妥协、团结、合作等公民意识，最终成长为具有"全人品格"的合格公民。

我们要对老师"下手"了！

2023 年 4 月 6 日上午 11：30，学生自主社团（飞鸟戏剧社团）的团长张若萱同学，带着她的好搭档李松泰找到我，问："老师，下周五，我们会有一个社团开放日活动，你能参加吗？"

"下周？"我估算着时间，"那就是 4 月 14 日了，是吗？现在还真不好说，等到时咱们再联系好吗？"

"好的，我会在那一天的前一天，再提醒一下你的。"

"为什么要有一个开放日呢？"

"因为很多老师都给予了我们很多帮助，我们是想让这部分老师看看，我们现在的排练和表演情况；学校里还有很多老师不知道我们的社团，那就让这部分老师通过这个开放日知道我们。"

"会有什么内容呢？"

"我们会有游戏，也会有演出。"

"会有多长时间的活动安排呢？"

"平时我们的排练时间是周五下午 4：30 到 5：30，开放日的时间先大体定在这个时间段。如果参加活动的老师多的话，我们就会将活动的开始时间提前一个小时。"

"你们多长时间举办一次这样的活动？"

"我们从这个学期开始，一学期举办一次，这样的话我们一年就可以举办两次。"

"你们是这样口头通知到某位老师吗？"

"我们现在先通知一部分老师，之后会出一期海报，告诉大家这个活动。希望越来越多的老师能够参加。"

"这次活动，主要是老师参加吗？"

"除了会有 10 个本年级的同学参加外（目前是有人数限制的），其他的都是老师。我们这一次，要对老师'下手'了。"

下手！哈哈哈。我感谢两个孩子的邀请，同时预祝他们活动成功。

下午 1：30，张若萱跑到我身边，让我在她给的小纸条上签字。我发现，上面已有了五六个老师的签名，其中有班主任老师，有学生成长中心的老师，还包括英子校长。

"这是非参加不可了是吗？"我和她开玩笑说。"是的老师，签名吧。"张若萱很干脆地对我说。于是，我乖乖地签名了。

望着孩子跑远的身影，我对这次的开放日活动充满了期待。

一次角色竞演

2023 年 4 月 14 日 16：30 — 17：30，是亦小学生自主社团——飞鸟戏剧社团的开放日。"由于时间太紧，这次开放日没有游戏和其他演出，只是我们的一次正常排练。"团长张若萱向我说明情况。社团成员来得特别齐，足足有 18 人，并且其中还有 4 位新成员。新生力量的加入，表明了该社团有着越来越大的影响力，同时也给内部成员带来了一些新的冲击和挑战。比如：角色竞演。

4 位新成员依次向大家作了自我介绍，其中一女生 B 表示：自己很想扮演《了不起的狐狸爸爸》中的"狐狸妈妈"一角。之前社团里已经有了一位"狐狸妈妈"，这可怎么办呢？团长张若萱和助手李松泰进行了简短商量，征得大家同意后，由 A、B 这两位女生，公开进行角色竞演。

一池平静的春水被搅动了。大家都有点莫名兴奋，当然也包括近 10 位慕名而来的各科老师。

翻开剧本，张若萱指定了狐狸妈妈的一句台词——"它们要杀死我的孩子啊！"并且提出了具体要求："你们两个要有感情地说出这句台词，同时要尽自己最大的能力表演出来。我们大家呢，要仔细观看和体会，最后集体投票表决。"

竞演前有几分钟的情绪酝酿，两个女生同时询问："需要哭出眼泪来吗？"此番认真程度，让张若萱和在场的孩子们都很明显地愣了一下，之后集体回应："不用了，不用了，让我们感受到就可以了。"为了保证最佳演出效果，恰当地激发情感，"狐狸爸爸"自告奋勇站出来搭戏。

A 女生内敛、温柔，声音低沉有力；B 女生外放、洒脱，声音响亮。两个女生表演风格各异，但都认真而投入。

表演结束，投票开始。孩子们都自觉趴在桌子上，没人抬头偷看，只是默默地举手表决，由张若萱和李松泰进行统计。

最终，B女生竞演成功，大家送上了热烈的掌声。

看A女生趴在桌子上，孩子们又七嘴八舌地去安慰她。A虽然伤心，但她好像并没有立刻表示要离开飞鸟戏剧社团。她需要的，可能只是暂时的休整吧。

有成功就有失败，有失败就有崛起。这，对于孩子们来讲，又何尝不是一种成长。就像史丽英校长说的，学校鼓励学生自主成立社团的目的之一，就是培养学生的逆商，与走入社会相比，他们在学校里的试错成本是最低的。经过了逆境，收获了经验和教训，那么，学校交给社会的，就是一个个抱有坚定信心和执着信念的具有完整人格的人。

他们要拍小电影了？

2023 年 4 月 23 日上午 10：15 左右，学生自主社团——飞鸟戏剧社团的张若萱和李松泰两位同学来到我办公室，开心地对我说："老师，我们要拍一部关于飞鸟戏剧社团的纪录片，也就是拍一个小电影。"

我很惊讶，这是提前了吗？就在几天前，张若萱曾和我说起过这个事情，我总以为这是很遥远的，因为我认为，拍纪录片的话，得有一定的积累和沉淀才可以。于是我问："现在吗？"

"是的。"他们肯定地说。

"你们想拍哪些具体内容呢？"

李松泰大大方方地说："我们在录课室活动的内容就可以拍。我们如何做游戏、如何改剧本、如何提高演技等，都可以拍。之后，我们在体育馆、小剧场等地方的活动，也可以拍。"

"看来，是一个记录历程的小视频。"我很佩服他们的果敢。

"不，我们要拍的就是一个小电影。"两个孩子纠正我说。

我说："关于你们飞鸟戏剧社团的资料和照片，我这里有的都会提供给你们。其他的，我还能为你们做什么呢？"

他们说："你可以在周五我们活动的时候，帮助我们用手机拍视频。"

"没问题。只要我在场，我一定会给你们拍视频。若我不在场，你们还有陪伴的老师，只要有一位老师在，你一定让他帮着拍一下活动内容。"

两个孩子点头答应了。他们还提到了关于服装、道具，以及需要找具体的专业老师帮忙拍摄、剪辑的想法，可以看出，这是一件他们已经深思熟虑的事情。

"我们还会找一些有特长的同学，比如打篮球特好的，跳健美操特好的，我们有一些活动会需要他们的加入，他们若想加入我们飞鸟社团也可以，临时帮助一下我们也可以……"

他们说。经常地，一个孩子在说，另一个就在旁边补充和提醒。看来，这两个孩子已经配合得非常默契了。

10：25，他们又跑去找其他老师帮忙了。

拍小电影，这是一件多么了不起的事情啊，期待！

当你提的建议被学校采纳了，
你会怎么样?

2023 年 4 月 24 日，在学生成长中心的组织下，作者对通过"校长有约"活动向学校提出合理化建议并被采纳的四位同学，进行了集中采访。并在后续文字组织中，通过线上提问的方式，对四位班主任老师和部分家长进行了追加采访。

——我有点不敢相信，这是真的吗?

我是五年级二班的郜迦淇。开学初，我在食堂发现部分同学有浪费粮食的现象，想起妈妈和老师的教导，感觉我不能不管。恰好看到了"校长有约"活动，就报名参加了。我担心自己说不清楚，特意给校长写了一封信。信中，我把我看到的浪费现象和自己的思考以及如何改正，都认认真真地抄写清楚，还让妈妈帮忙斟酌，让老师帮忙把关。2月20日"校长有约"现场，我把信交给了英子校长。英子校长非常赞同我的观点，我们还细致推测了造成浪费的各种可能，她说，关于饭菜质量，她会尽快与食堂工作人员进行沟通。她也希望通过各种方法，让学校的"光盘"行动继续、深入地推行下去，让大家珍惜粮食，杜绝浪费。

几天后，我忽然发现，自己的那封信被张贴在了食堂门口。我有点不敢相信，这是真的吗？

我们在班主任的带领下，发出了节约粮食的倡议，同学们也都非常自觉地做到了"光盘"。我也发现，食堂里的浪费现象越来越少了，这让我非常有成就感。

我现在又有一个好的建议，希望能在偶遇英子校长的时候和她聊一下，不一定是通过"校长有约"，因为现在"校长有约"的名额太难抢了。

语文老师、班主任李卫娜说："'校长有约'活动前一天，郗迎淇把给校长的一封信发给我看，我很惊讶于她的观察、思考和行动的能力。我在班会时间跟学生们分享了这封信，我当时想，正好趁着刚开学，把假期之前已经形成的良好习惯和作风重新发扬一下，让光盘行动继续推广并保持。我们互相约定，午餐时要及时表达自己的需求，同伴之间也要互相提醒，争取做到'光盘'，节约粮食。"

对于孩子能积极表达自己的观点，迎淇妈妈非常欣慰，同时也点赞学校"校长有约"活动，给了学生一个表达的平台，能让每个学生都参与到学校建设中。

——同学们都说我"好棒啊"，我也感觉自己很厉害！

我是三年级一班的卢心雅，是班里的体育委员。我在带着同学们跑操的时候，发现南门附近跑道的内侧出现了一处小的凹陷，可能是假期里造成的吧。但是几天后，它就成了一个小坑，我怀疑是有的同学出于好奇而动了手脚。本学期，我们班加强了跑操训练，每次经过凹陷的地方，我总是提醒大家绕开，但是变成小坑之后，它已经是一个安全隐患。于是，我在2月20日的"校长有约"活动中，向英子校长提到了这件事。立刻，操场上的小坑就被一块地毯覆盖住了，并且周围也立上了"请勿靠近"的指示牌。过了一个周末，我们再跑操时，发现那个小坑被填平了，还有着和跑道差不多的颜色。这一下，我的心里彻底踏实了，大家尽可以放心大胆地锻炼了。

老师和同学们知道这是我的提议后，都夸我"好棒啊"，我也感觉自己很厉害！现在想想，其实这是我们每一个亦小的学生都应该做的。我们都是学校的主人，我们都希望自己的学校更安全更完美！

当得知卢心雅同学的提议被采纳之后，语文老师、班主任苏清霞立刻与孩子们进行了分享，"教室里瞬间就爆发出了热烈的掌声。孩子们觉得神奇而不可思议，自己提的建议真可以被采纳！这就是心雅会做的事，她不仅有一双敏锐的眼睛，还有一颗温暖的心，会发现一些需要她帮助的人和事，并及时、认真去做。"

心雅家长很欣慰，认为孩子做得很好，会继续支持和鼓励她。亦小的工作做得深入人心，感谢老师和校长。

——看到那么多美丽的花，忽然感觉好幸福！

我是二年级七班的刘艺暄，我发现食堂附近的大树底下都是光秃秃的，没有种植小花、小草，如果浇水的话，还会形成一个湿湿的树坑，不美观也不安全，怎么改变一下呢？我就想，如果在大树下面种上花，是不是更美观一些呢？于是在4月3日的"校长有约"活动，我给英子校长提了这个建议。

忽然有一天，我发现那些大树下都栽上了很多很多花，现在，它们都开出了美丽的花朵！指着这些花朵，我开心地对班主任说："这是我的提议！"班主任表扬了我，同学们也都羡慕我，我感觉好幸福啊。以后，我还会想方设法地为学校出谋划策的，谁让我是亦小的小龙娃呢！

语文老师、班主任马澜兮非常佩服小小年纪的刘艺暄同学会有此想法和举动，她说："这个孩子有很多有创意的想法，心中又装着美好，还敢于表达，是我们大家学习的榜样。"同学们知道后都很好奇，他们都在问："你提了什么建议啊？你是怎么想到的啊？"还有很多同学都特别羡慕刘艺暄可以被学校采访并为她开心，大家希望自己也有这样的机会。马澜兮老师表示，会继续鼓励她和孩子们在今后的生活中更多地发现美、传递美。

刘艺暄家长之前不知道孩子提建议的事，得知孩子的建议还被采纳了，感到非常自豪。家长称赞孩子敢于把自己的想法表达出来，同时，还表达了对学校的真诚感谢。

——当然是开心了，开心之余还会更加关注学校建设。

我是六年级六班的常家铭，在3月13日的"校长有约"中，我提的建议是：大力推广辩论赛。因为我班当时开展了一系列阅读辩论赛，我认为这对我各方面能力的提升非常有益，于是，我就想，这么好的成长途径，应该让更多的同学接触它、使用它，从而得益于它。正好，我看到有"校长有约"活动，心想：如果把这件事告诉其他老师，受益的可能只是某一个班级，如果我告诉校长呢？那受益的应该是全校的同学，受影响的范围会更宽广更深入。

当我提出这个建议，英子校长也非常赞同，并且当场就和我们商议起了多类辩题。也就 10 天左右吧，在学校高年段进行辩论比赛的海报就贴出来了！说实话，一看到这个变化，我特别开心，真的是开心！我为自己能给学校提供一个有益的建议而开心，也为学校能采纳我的建议而开心，同时还为更多的同学将会得益于辩论赛而开心。

开心之余，我会更加关注学校各方面的变化和建设，这，已经成了我的一个习惯。自己的学校嘛，自己有义务有责任让她变得更美好。

语文老师、班主任汪晴说："家铭同学在参加完'校长有约'活动后，回到班里第一件事就是兴冲冲地跑来告诉我：'汪老师，你知道吗？今天跟校长吃饭，校长问最近有什么让我们开心的事情，我第一反应是班级最近举行的辩论赛，我还向校长建议，辩论赛可以推广……'其实，家铭说的那场辩论赛，源于一个非常偶然的契机，那就是我在批改孩子们寒假共读任务单《鲁滨逊漂流记》一道开放式问题时，发现孩子们的回答基本可以分为两派：一派认为鲁滨逊遇到的最大困难是孤独，一派认为鲁滨逊遇到的最大困难是物资缺乏。联系到六年级下册第五单元的口语交际正好是辩论，这个辩题又可以结合马斯洛的需求层次理论，关联到学生的自我实现需求，于是，我就在班里举办了这么一场辩论赛。辩论赛结束当天，我让孩子们写了反思，能够感觉到这场辩论赛带给他们的兴奋劲儿空前高涨，只是没想到家铭在'校长有约'时会提到，毕竟他去吃饭前，还在班级广泛征集了很多其他同学的议题。"

"大力推广辩论赛"这一建议被学校采纳后，级部随后举办了轰轰烈烈的辩论赛，从小组赛、半决赛再到总决赛，除了参与辩论的选手，班级分批次参与现场围观的同学也都感受到了"舌战群儒"的魅力。孩子们还会觉得：噢，原来校长真的是说到做到啊！学校真的会慎重对待他们的建议和想法并尽全力帮助实现。对于孩子们来说，这种感觉实在是太美妙了！

据学校学生成长中心韩雨辰老师介绍，"校长有约"一直是十一学校的传统活动，亦小自 2021 年秋季开展此项活动以来，目前已进行了 35 期，共有 210 名孩子参与到了活动中。史丽英校长说："希望通过此项活动，充分调动孩子们作为学校小主人的责任感和自信心，学校能做的，就是帮助孩子们，把学校建成他们心里想象的那个美好样子。"

孩子们此次的有效提议，有的是源于老师创新组织的一次活动，有的是源于家长的言传身教和老师的严谨教导，有的是源于本性善良和关爱同伴。追根溯源，亦小的孩子们之所以敢于表达，之所以言之有物，之所以被接纳被肯定被尊重，与环境不无关系——良好的亲子关系，造就了和谐的家庭氛围；良好的师生关系，造就了融洽的学习氛围；良好的学校教育加上积极的家庭教养，铸就了他们明亮的人生底色和健全的公民品格。

同时也印证了一个真理：你的眼中有孩子，孩子的心里就有你。

我们的校园会是什么样?

——学校组织学生分批次进行建筑课程学习

"我是三年级的学生,学校原来的操场从我们开学后到现在一直被蓝色的物体围挡着,我想知道里面发生了什么。"

"我是六年级的学生,我入学时,咱们的学校早就已经建设好了,我知道现在是二期加建,就想趁着这个机会了解一下学校是如何建成的。"

"我是五年级的学生,咱们学校的二期加建工程现在建到什么程度了?我很好奇。"

"我是三年级的学生,听说施工的时候会有大型机械进场,它们会不会像变形金刚那样?"

"我是四年级的学生,我想知道我们的校园建好后,会是什么样?"

带着这些疑问,2023 年 11 月 13 日中午,亦小首批对建筑、建设高楼工程感兴趣的 19 名同学,参加了由学校党建办公室、后勤工程组和中建八局(亦小二期加建工程承建单位)党建委员会共同组织的"携尔'砼'行·共'筑'未来"课程学习。

孩子们走进中建八局党建办公室,在工程师的讲解下,知道了亦小二期加建工程总建筑面积为 50 073.01 m^2,其中,校区改造面积 22 317.51 m^2,扩建校区新建面积 27 755.5 m^2;了解到了一项建设项目从基坑支护到交付使用,要历经土方开挖、垫层施工、防水施工、钢筋绑扎、混凝土浇筑等近 20 道大工序,混凝土的作用、组成、性能及配比设计等。当看到改造前后的教室对比图及新校区效果图时,孩子们激动不已:"哇!我们就要用上新教室了!"来自六年级的两个孩子则表示："我们会为学弟学妹们高兴，同时也为母校的日新月异感到自豪。"

"真没想到，建一座学校竟然需要那么多人付出那么长时间的合作和劳动！等我长大了，我一定要为学校做出更便捷的设计，就像我们平时搭积木一样。"那位想看"变形金刚"的孩子发出了如此感慨。

在动手浇筑学校标志这一环节，孩子们都郑重其事地一一轮流操作着，好像他们正手握真正的建筑工具，在为亦小的新校园建设添砖加瓦一样。

其实，不管是现在的校园还是二期加建工程，都是为了更好地服务于孩子们，而一所学校的真正模样，则正是由生活在这里的一个个孩子所决定着。据学校后勤部的郝玉龙老师介绍，今后，还会有更多批次的孩子接受到这样直观的课程教育，甚至，会有教师或家长朋友们来参与。

乌龟不见了……

2023 年 9 月 19 日，英子校长在微信群里发了四张照片，题为：一间教室的小世界。这四张照片分别是一张大大的中国地图、一张"我的小日历"、一张"我们的合作秘籍"，最后一张最让我感兴趣，是这间教室里布置的"科学区"：玻璃鱼缸里有一条黑黑的鱼，有青青的水草，鱼缸附近还有一朵盛开的向日葵；一个白瓷小缸里，有一只墨黑墨黑的乌龟在爬。

"这是哪间教室啊？"在路上遇到英子校长时，我问。她说："是二年级的，具体是哪一间，我不记得了。"

于是 9 月 22 日一大早，我就围着分布在三楼和四楼的 B、C、E 三个区域，对 14 间教室进行了搜寻。终于在多位老师的指引下，在四楼的 B 区 401 二年级五班教室里，我看到了出现在照片中的场景。

空荡荡的教室里没有老师也没有学生，只有动植物在恣意生长着。之前在鱼缸里现在却在塑料盆里的一尾黑鱼，一看到有人近前，就从水草里慢慢游出来，露出一个大脑袋望着我，感觉它会随时跳出来一样，我想到了电影里面的一些镜头，吓了自己一大跳。

很快，带学生出去活动的黄婷和吕福娟两位老师回教室了。我问他们这是什么鱼，吕老师说："这是一条六角恐龙鱼。"黄老师补充说："这是一年级时，一个学生从家中带来的，已经陪伴我们一年多了，孩子们都非常喜欢它……"

只是，乌龟不见了，它去哪里了？

吕老师说："我们养的那只珍珠龟，已经永远地离开我们了！这只珍珠龟，是本学期才买来的，可能是由于换水不当，也可能是我们喂的龟粮不合适。总之，乌龟死了。对于它的离去，孩子们都非常伤心。之前，科学区的红金鱼、黑壳虾也离开了我们，我们就把它们放在一个个包装袋里，准备晾干后制作标本。"

吕老师及时抓住这个机会，对孩子们进行了生命教育。"一切的生命都是宝贵的。我们如何安葬小乌龟？以后如何保护好科学区的生命？孩子们分小组进行了热烈讨论，自发组建了'科学小卫士'——如何进行科学养殖、如何进行分工合作、如何熟悉它们的生活习性等。对于乌龟，大家决定在学校找一处环境好又安静的地方安葬它。于是9月21日中午，孩子们来到了一棵龙柏树下，挖了一个小坑，将乌龟放进去，又放上了一些龟粮。周边有几棵柿子树，结着很多很多柿子，我问孩子们为什么不选择柿子树，他们说：'因为龙柏四季常青，暗示着生命永恒。'孩子们还给小乌龟的墓地取名为'忍者神龟之墓'，为小乌龟做了庄严的告别仪式。他们都说：'小乌龟不会孤单的，如果我想它了，就来看看它，和它说说话。'孩子们没有在墓地上做任何标记，担心这秘密基地会被人发现。巧的是，仪式结束后，柿子树上掉下来了一颗黄色的柿子，我们就把它带了回来，放在科学区里晒着太阳，看它什么时候才会变成橙红色的'柿柿如意'……"

"我们以后还会养很多很多的动物和植物，我们的目的就是要带孩子们去呵护生命、珍惜生命，从而真正懂得生命的意义。"黄老师说。

孩子们回教室了，没有老师的大声提醒，只见他们一个个安安静静地喝水、上洗手间、准备下一节课。他们看到我在观察"科学区"，就都友好地围上来打招呼，有的还非常自豪地要给我讲解一番。

在两位年轻老师的关照下，孩子们的脸上满是自在和幸福。特别是在阳光的照射下，这间教室变得和谐又温暖，孩子们的笑脸，与生长在教室里的那朵耀眼的向日葵渐渐重叠……

只要俯下身子贴近孩子，就一定会找到那条走进孩子心灵的小径；只要用心、有爱、有智慧，就一定会建设出一间温润的鲜活的教室。

从此心里又多了一份牵挂……

蚕课程物品发放

伙伴们：

蚕与丝课程本周将开启养殖与观察环节，孩子们将在科学课领到班级和个人的养殖材料。观察表和养殖方法会逐步在科学课上设计和学习。班级小蚕拿回去后大约三天孵化完成，课上会安排小组轮流对本班小生命进行观察和照顾。有问题大家随时联系我。

课程本周作业：蚕宝宝身份证设计与制作。

关于食物：科学教室已经备好桑叶，提前孵化出的小蚕可以来领饭，之后孩子们会为班级小蚕带饭。

期待和孩子们一起经历神奇的生命周期啦！

周一（2024年3月11日）一大早，我看到英子校长在学科组的群里转发了这么一则信息，于是就利用升旗时间，与发布这个课程信息的"问号老师"——教科学的刘盈老师取得了联系，"我也想领取蚕宝宝！"刘老师爽快答应，并约定下午去她所在的教室碰头。

下午两点半，我赶到C302教室，刘老师刚刚下课，正在与值日生们一起收拾教室。她用小小羽毛轻轻拨给了我很多蚕宝宝，并且还是两种颜色，"它们的孵化过程会给你带来惊喜的！"同时告诉了我如何观察和照顾蚕宝宝。

"你们有没有想养蚕的？"我拿着装有蚕宝宝的小盒子回到办公室，问大家。

有两个同事希望和自己的孩子一起养，我就学着刘老师的样子，用羽毛分拨给了他们一部分，同时把刘老师嘱咐我的也告诉了他们。

我从来没有亲自养过蚕，只是记得小时候，看姐姐和母亲养过一段时间的蚕。

那个蚕房，可不是随便什么人都可以进去的。进蚕房需要好好洗手，身上不能有异味，一天还要多次踩那些放在门口的用来消毒的石灰粉。我曾趴在门上听到了小蚕吃桑叶的声音，唰唰唰，就像下小雨；也看见过被大蚕吃剩下的桑叶，大都是一些精致的叶脉，我脑补过很多次"蚕食"的画面，也向母亲展示过自己洗得干干净净的双手，但就是没有被允许进过蚕房，也就没有机会目睹。

记得姐姐和母亲后来就非常忙碌，一天要多次往返桑地去采桑叶，于是我有幸获准在某个周末的早上，跟随姐姐去桑地里摘过一次桑叶。不记得具体是什么季节了，只记得宽大的绿绿的桑叶上的露水滴落到我手上时感觉冰凉；桑叶边缘有一点点细细茸茸的毛，刺得手会有点发痒；捏着叶柄，姐姐很容易就把桑叶摘下来了，而我总要费点劲，因为我那时总爱啃手，只能用本来就被我啃得生疼的手把叶子用力拧来拧去。还记得姐姐说："这样的桑叶要等到太阳出来稍稍晾晒一下才能喂给蚕宝宝，因为蚕宝宝不能吃沾露水的叶子。"

后来，姐姐和母亲往蚕房里放了很多很多被整理得差不多高的干净的麻杆儿，说是为了蚕们"上山"，也就是吐丝用的。之后，她们就不再那么忙碌了。再后来，大批大批收蚕茧的丝绸公司的人，就进村了。

不久之后，穿着小薄棉袄的我跟着爷爷和姐姐又去了一次桑树地，他们在修剪桑树，我，则吃到了很多很多紫红的甜甜的桑葚，弄得嘴唇、牙齿、舌头还有手指都发紫发黑，好长一段时间洗不掉。我很害怕自己的这副模样，也就不敢照镜子，更是尽量躲着邻居们，因为他们总是无端地担心一向瘦弱的我是不是长什么病了。那几天，母亲也需要经常向他们解释："这孩子没生病，就是贪嘴吃多了桑葚……"

从网上查资料得知，桑葚是在五六月间成熟，但为什么我的记忆里会有类似秋天的事情呢？要不然那些桑叶上的露水滴到手背上的凉意哪来的？要不然我为什么要穿上小薄棉袄？难道说是初春？还是我的记忆发生了偏差？不管了，反正我关于蚕的童年记忆里，都是悠闲的美好的香甜的。

因为童年的这份记忆，因为今天的蚕课程，我的心里又多了一份牵挂。

"神秘嘉宾"就是我

4月23日世界读书日全称"世界图书与版权日",又称"世界图书日"。

1995年11月15日正式确定每年4月23日为"世界图书日"。其设立目的是推动更多的人去阅读和写作,希望所有人都能尊重和感谢为人类文明做出过巨大贡献的文学、文化、科学、思想大师们,保护知识产权。

2023年4月17日—23日,北京亦庄实验小学举办为期一周的"亦小第五届阅读节"。

4月19日9:34,我接到三年级三班杨育蓉老师的微信留言:

"边老师,您今天中午有时间吗?我想邀请您来我们班做神秘嘉宾。"

"杨老师,谢谢邀请,我能做什么呢?"

"您原来是编辑、记者,我觉得您可以分享一些读书经验或是写作经验。"

"好有压力啊。"

"没有没有,就是一个简单的聊天和分享。不管您跟孩子们分享什么,相信他们都会有收获的。"

神秘嘉宾,是"亦小"本届阅读节中的一个活动。那我就和孩子们说说我写《第三只眼看亦小》的大体过程吧。虽然无关阅读,但也算是完成杨老师任务中关于写作经验的分享了。

上一次接到与学生面对面聊天的邀请,还是2013年12月,当时教四年级语文的钱锋老师,有一个万物启蒙项目课"石头课程"的结题仪式,他邀请我进班给孩子们讲一下自己的工作经历和对石头精神的思考。一晃十年,恍如昨日。

12：20，我在去往杨老师教室的路上，遇到了去别的班当"神秘嘉宾"的英子校长，她鼓励我说："为孩子们做事情，值得！"这句话，让我忐忑的心平静了很多。

12：30，在杨老师简单介绍之后，我作为"神秘嘉宾"羞怯现身。

我先说了一下自己的身份，后说了《第三只眼看亦小》这本书的来历：虽然是近20万字的书，但是是我从70多万字的记录中选择出来的。我主要是想告诉孩子们：平时要多观察、多发现、多动笔。

由于紧张，上午匆忙之中准备好的近千字的稿子，一会儿我就说完了，并且还没有按照稿子的思路来。

杨老师问孩子们："你们有什么想和边老师聊的问题？"

于是，孩子们开始举手了。

一个小女孩说自己一开始不知道怎么写作文，但总是写着写着就收不住了，问我怎么办。

我告诉她："收不住那就按照自己的思路写，写完之后再多读几遍自己的文章，如果觉得哪一部分最合适，那就选择那一部分着重去写。"

有个男孩子说："我和前面的同学不一样，我认为思维导图不适合自己。因为按思维导图去写作文，自己往往写不下去。谁知第二天早上一觉醒来，却又发现自己会写了。"

我说："不是思维导图不适合你，而是你一直在不自觉地按照思维导图给出的思路思考着，恰巧第二天醒来后，有了思考结果。"

有的孩子问："我爸爸说不会写的作文就不要写，就一直这样想着想着，睡一觉之后就会了。是这样吗？"

之后也有多个孩子都在说类似的情况。

我大体的答复是说："我也有同样的经历和体会。但真的并不是靠做梦就可以写出文章甚至是写好文章，而完全是依靠自己平时就有的一些好的写作积累和一直不停思考，才会一觉醒来感觉才思敏捷如泉涌。还有一句话，叫'念念不忘，必有回响'……"这句话我记得应该没有说完，因为有孩子提问题我就中断了。

还有的孩子问我："你的书在哪里能买得到？"

我说："不用买，在咱们学校的图书馆和阅览室就有，想看的话就去找一找看一看。"

说起与他们班的渊源，我说："我是今天才算真正认识杨老师，在此之前，我和杨老师只在微信上交流过，那时，是因为英子校长给我提供了一个新闻线索，她说'杨老师哭了'。我当时就想：杨老师为什么哭呢，是你们让她生气了，还是有什么事情感到委屈了？于是我就对杨老师进行了线上采访。噢，原先是你们进行草木染失败了。其实这是很正常的事，但杨老师一直在从自身找原因，甚至第二天上午我来教室找她的时候，你们教室的前后门都关着，后来听杨老师说你们一直在复盘，一直在寻找原因。关于杨老师哭了的文章，已经在咱们学校的微信公众号上推送过了。"

坐在最前排的一个小男孩立刻回应我说："边老师，那篇文章我看了。"

也就是这个小男孩，在聊天快结束的时候，他问了我一个很暖心的问题："边老师，你的工作量大吗？你会感觉到累吗？"

我说："谢谢你的问题。我在做自己喜欢的事情，不会辛苦。"

我真诚地感谢杨老师给予我的这个机会，也真诚地感谢孩子们对我的坦诚和信任。

聊天结束了，我大汗淋漓地走出教室。

有一个女孩子问我的全名，然后她就跑回自己的座位，说："我现在就要写下来。"这下不得了了，多个孩子一起拿着纸和笔找我签名。我说："我的办公室就在一楼，咱们随时都可以聊天。等我有新书出版了，就来给你们送书好不好？一定，一定！"

杨老师拿着他们班孩子从一年级到现在出的书籍给我看，我从这些精美的书里面看到了孩子们的一步步成长，也看到了杨老师的细致与用心。

我担心自己会不会由于不小心而说出了影响孩子心情的话，杨老师很果断地对我说："不会的，他们都非常开心，收获也一定会很多。"

是的，他们还都是一些懂事的娃。当我一时想不起一个恰当的词语时，孩子们亮亮的眼睛看着我，静静地笑意盈盈地等待着我；当我终于说出来的时候，他们做出一些很夸张的表情响应我，似乎是在安慰我，这让我的内心非常温暖。

面对着这么一些可爱的人儿，我忽然觉得：当一名老师，是一件无比幸福的事情！

大家好，我就是"神秘嘉宾"……

自我介绍

大家好，我叫边淑清。非常感谢何辉老师的邀请。

我是咱们学校文化宣传部主任，主要负责对内对外宣传，具体的工作有以下几个方面：一是根据学校日常开展的活动，写宣传稿，发微信公众号文章，或者是对外投稿，反映学校的一切有意义的有创新性的有趣的工作；二是做专题宣传，根据学校的工作，结合一定的节假日或某一特定阶段，策划专题，组织宣传稿，形成一定的宣传氛围，在一定程度上，提炼学校课程发展和改革的成果，以逐步达到改良某些环境、引领某些工作、保证学校工作良性发展的作用；三是写稿的同时，也在准备为亦小出第二本书。

一般的文章，除了在外界报纸、杂志和多媒体平台发表，还会在咱们学校的微信公众号上宣传。从 2014 年 9 月到 2016 年 8 月，从 2023 年 2 月 13 日到现在，在这两个时间段里，大家在学校公众号上看到的文章，一部分是我写的，另一部分是我编辑的。

我是 2012 年 12 月份来的亦小。那个时候，你们应该都还没有出生呢，是吗？来这儿之前，我是《当代教育家》杂志社的一名编辑、记者，为了全程记录亦小的教育改革，我来到了这里，成了亦小的一名"史官"，通俗一点儿讲，就是记录和见证亦小发展的人。

2013 年 7 月，咱们的学校启用，当年 9 月，学校正式开班办学；2014 年 9 月，学校开设了微信公众号，就像现在这样，我负责微信公众号文章的写作和编辑；

2015 年底，在学校的安排下，我把《第三只眼看亦小》的书稿交给了出版社，2017 年出版发行。这是咱们学校目前唯一一本体现学校全方位工作的书籍。

我的阅读杂乱无章

我很小的时候就喜欢读书，那时我常偷偷躲在小屋子里，悄悄地翻看哥哥姐姐他们初中或高中语文书后面的小说，如《高老头》《红楼梦》《老人与海》等，读得可以说是稀里糊涂。我看的第一本小说是《第二次握手》，我是抱着字典看完的；在我青少年时期对我影响比较大的是作家路遥写的《平凡的世界》；在我长大成人后，对我比较有影响的是《简·爱》《飘》《穆斯林的葬礼》等，还有汪曾祺先生写的所有的书。

为什么会分阶段说出这些书呢？是因为这些书，非常适合那个年龄阶段的我去阅读，同时它们也给予了我非常重要的人生指导。

当时并没有人督促我、催着我去读书，也没有人能为我推荐书目，不像你们现在这样幸福。我只是恰巧遇到了这些书，就拿来读，好像当时读后，也没有让我立刻发生什么很明显的改变，只是现在回想起来，我可以很清晰地看到，如果没有这些书作指引，我的人生之路不会走得如此诗意多彩。因为我所学的专业不是新闻也不是中文，但我能一直坚定地与文字打交道，能一直认定记者编辑这一职业，能自觉考取编辑资格证，以至到现在还在继续去采访、写文章、做专题策划，是这些书给予我的力量，这是文字的力量，文学的力量。这份力量，一直渗透到了我的血液里。虽然这力量的分量不够多不够强，但它足以让我安心、尽心地做好本职工作，并支撑自己坚守纯良的内心、坚定以自己的热爱为职业，开心地成为独立的幸福的人。

我推荐两套书

我曾经给我儿子买的第一套大部头的书是《哈利·波特》。你们现在还是四年级的学生，但从正在做的英语阶梯阅读来看，大多数人已有了较高的英文阅读水平，所以，有能力并且有时间的同学可以看看这套书，最好是中英文对照着看。

另一套推荐大家阅读的是中国作家刘慈欣老师写的《三体》。我家有两套，一套是我买的，另一套是我儿子在高中时写作文获特等奖而得来的奖品。这是一部充满想象力的科幻小说，讲述了地球人类与外星文明之间的奇妙故事。虽然书中的有些内容有点复杂，但它会让同学们思考未来的无限可能。

我知道何辉老师正在推行分级阅读、阶梯阅读，还在进行着分层作业，这样的做法特别好，我会经常来向她学习，我也会经常来教室向你们大家学习。

我的希望一共三个

第一个希望：我希望能够有机会完成对何辉老师的采访。因为之前有很多次我要采访她，她总是拒绝。她说："成绩是大家的。"我知道，但，在这份成绩取得之前和取得过程当中，一个正确的有前瞻性的引领者，是非常重要的存在。

第二个希望：希望大家能喜欢读书，并将读书变成一种自觉自发的行为，而不是老师要求、父母要求。

第三个希望：希望大家持续关注学校微信公众号，虽然，2016 年 7 月份之前的微信公众号文章已全部删掉，但好在，我们有这本书。

"好在，我们还有这本书。"这是英子校长和我谈到亦小发展历史时，说的一句话，这句话，足以证明了这本书，对于我们亦小有多么重要。现在，我将这本《第三只眼看亦小》赠送给你们，大家抽时间翻阅一下。读后，就可以很清楚地知道亦小曾经的发展，也能看得出我们曾经在课程上、在活动中、在学校的方方面面工作中所做出的努力和改进。

我还计划在今年底或明年初再出一本关于亦小的书，到时候，我再向大家赠送。

希望大家好好读书好好努力，让我们共同书写亦小的现在和将来。

再一次感谢何辉老师的邀请，感谢四年级十二班的"向日葵"们！

千喜的亦小生活

为了满足亦小龙娃们"增加宠物角的动物"这一愿望，后勤保障中心主任、体育老师韩超，经过征求师生们的意见，经过对宠物专家们的多次咨询，终于，在2023年12月28日，使宠物羊"亦羊千喜"（昵称千喜）顺利落户亦小。

在第二天的新年庆典活动最后的"彩蛋"环节，当韩老师牵着千喜亮相的时候，孩子们全都开心地跳了起来，一个劲儿地欢呼："哇，太好了太好了，我们又有了一个可爱的宠物了！"

庆典结束后，洁白、可爱的千喜，成了大家关注的焦点。

孩子们只知道看到千喜开心，却不知道背后的喂养需要付出多少关爱和耐心。

千喜到亦小后，为了保暖起见，韩老师将其带回了自己的家。一路上，千喜的叫声拖得长长的："咩——咩——"好像在找妈妈，弄得韩老师哭笑不得，他说："小区的住户们都快要把我当成拐卖儿童的人贩子了！"

"真是大意了，没想到小羊羔还没断奶。今天晚上我又给喂了点药，看看明天会不会不拉稀了。"大家非常关心千喜的生活日常，韩老师在群里这样回复道。

这只刚满两个月的千喜，只能喝羊奶，韩老师就专门购来了羊奶；它有点儿水土不服，韩老师就买来了药片；喝奶之后千喜还想继续吃，韩老师就买来了提摩西草料；千喜需要一个小家，这个家，既要方便孩子们观察和互动，还必须便于小羊出入；还需要尿垫，还需要……

韩超老师，成了一名十足的小羊奶爸。

紧接着到来的元旦三天小假期，对于千喜和大家来说，都是一个不小的考验。

假期里，因为每天都会有人值班，这些值班的老师就又多了一项工作，那就是"喂千喜"。羊奶的温度、喂养的量以及喂养的时间间隔，都有一定的要求。于是，就有了另一种方式的值班沟通。

这份认真、耐心和投入，恰如呵护一个襁褓中的小婴儿般无微不至。

2024 年 1 月 2 日 9：00，千喜当天的第一餐时间到了。韩老师将袋装羊奶倒进奶瓶，由于温度较低，他就去开水间接热水烫一下，千喜一看奶爸走了，并且还是带着奶瓶离开了，叫声立刻急促起来。一分钟过去了，怎么还没回来啊？原来，韩老师正在等着水烧开呢，他一手拿着取水磁卡，紧紧地盯着水的温度一点点升高，千喜的叫声很清晰地传来，他的心比任何人都焦急。终于，千喜用上早餐了。韩老师也松了一口气。

等过些时日，千喜适应了北京的气候，并且断奶成功后，就可以放手交给亦小的小龙娃们照顾了。

亦小老师们牵挂和喜爱千喜，其实都是实力宠爱龙娃的具体表现。因为英子校长一直说："我们要给孩子一个爱上亦小的理由。"

亦小的实力宠娃，是有迹可循、有目共睹的。2018 年底，在所有人都在盼望老天能"大发慈悲"下一场及时雪的时候，亦小为了能让孩子们度过一个难忘的元旦，进行了人工造雪。这一举动，在所有家长和一直关注亦小成长的各界朋友心中，引起了不小的轰动。

2022 年 10 月，来自北京十一学校九渡河小学的两只小香猪，成了亦小宠物角的第一批住户。小香猪的到来，令龙娃们狂喜不已，他们争着抢着排队值班，都想做一名负责任的"小猪倌"，就连假期也不愿错过值班的机会。在照顾小香猪的过程中，孩子们更加爱动物、更加爱劳动，也更加有责任心了。

现在，千喜的到来，在增加了宠物角原住民的数量和品种之外，使得孩子与动物之间的无间互动成为了可能。这一下，还真的不知道会有什么样的奇妙故事发生呢。就让我们拭目以待吧。

猫呢？猫呢？

上课前，每一个走进行政办公室的老师和学生，都会在一只脚刚刚踏进门的同时发出灵魂质问："猫呢？猫呢？"他们一边问一边四处瞄，待看到那个高大豪华的猫宅后，一颗爱心才稍稍放松，开始专心逗猫。

课间，就听走廊上突然响起一阵"咚咚咚"的脚步声，快到门口时，又猛然无声了，只见七八个男生女生悄悄走进办公室，围拢在猫宅前，静静欣赏。

放学后，一切都放大了 N 倍。不管是老师还是学生，他们都会大声问："猫呢？猫呢？"一听这阵势，不用抬眼去瞧，一幅画面立刻浮现：一只喝醉的小老鼠，一手拿着板砖一手提着酒瓶，正四处找猫，立志要为鼠族报仇呢！

是的，本学期，亦小宠物角又迎来了新成员，它们就是快满两个月大的两只金渐层小猫，一只是公主姐姐，毛发长而蓬，就像我们早上被闹钟惊醒后抬起的那个蓬乱大脑袋；一只是王子弟弟，毛发短而顺滑，总是一副很绅士的慵懒样子。

一位男老师担心小猫会不适应学校里人多又嘈杂的环境，提出来要带小猫回家住几天，被大家断然拒绝："那怎么行，这可是咱们大家的宝贝！"

是的。经常抽时间来照看小猫的英子校长说："把它们运来可真是费了不少事呢。"那，运小猫到学校具体发生了哪些曲折的故事，还请感兴趣的同学亲自采访一下英子校长。

原先那只备受宠爱的小羊千喜，好像感受到了关爱度的下降，它不再大声吵闹，也不再用刚刚冒出来的小角抵羊笼了，而是经常静静对着身旁的猫宅出神。石老师家的女儿专程来校观看宠物，她用自己细腻的观察，说出了内心的童话："小羊这是想要和小猫做朋友呢！"

春天来了，阳光越来越温暖，是不是应该把千喜放出去散养了？是不是应该让它和那两头"原住民"小香猪见面了？是不是应该将小羊、小猪、小猫放在距离最近的地方共同生长了？如果小羊、小猪、小猫在一起生活，会发生什么样的好玩故事呢？

关于校园宠物的故事，还在向着意想不到的方向发展着。

2024 年 3 月 11 日升旗之前，陆续走向操场的孩子们被一阵阵高亢的公鸡打鸣声惊到了，大公鸡？是公鸡吗？他们循声而至，看到原住民小香猪家的旁边，又多了四个芳邻，是的，亦小宠物角又迎来了四只元宝鸡！关于为什么要引进元宝鸡、元宝鸡的特点和喂养的时间方法等，已有专门的老师对一些感兴趣的学生进行了讲解，接下来，元宝鸡的成长就完全交由孩子们负责了。

还有呢，保洁阿姨在工具间发现了五只刚刚出生的黑白相间的小猫仔，它们的眼睛还没有睁开，只能发出微弱的叫声，猫妈妈一看有人来了，就跑得远远的，再也没有回来过。于是，这些小猫在行政支持人员的帮助下，也顺利落户亦小。

瞧瞧，有两头猪、一只羊、四只鸡、七只猫，亦小真真正正成了孩子们的乐园了。

为什么冬天不下雨？

妈妈的生日在春天，所以她非常喜欢下雨天。她说，春天的雨就是希望，风雨之后，一切都是那么生机勃发。

我的生日在秋天，我却喜欢下雪。妈妈问我为什么，我说不出理由，后来妈妈猜测说："可能是秋天离冬天最近，你是不是希望早点过年啊？"

随着我慢慢长大，我越来越不喜欢过年了。因为，妈妈正在一年年老去：她脸上长皱纹了，她不在意；她手上长斑了，她也不在意；她掉头发了，地上总是能归拢到好多好多长发，爸爸看后总是悄声埋怨，她也不在意；她有时候会忘事，但她总不会忘记提醒我早睡早起、好好吃饭、好好锻炼、好好学习；她有时候牙会疼、头会晕，我和爸爸希望她去医院，她也总是置之不理……

冬日的一天，妈妈不小心摔着了，腰部受了伤，只能躺在床上。她望着窗外灰蒙蒙的天空，对我说："哇，是不是要下雪了？那可是你喜欢的天气呢。"

我说："为什么冬天不下雨啊？那可是你喜欢的天气呢。"

如果我能随意指挥风霜雨雪，我希望就在妈妈望向窗外的时候，空中真的就飘起丝丝细雨，不为别的，只为妈妈喜欢。

（注：校园里，一位小朋友向我提出了这个问题，答案可以有很多，此为其一。也算是命题作文了。）

倏忽十年

2013—2023，亦小建校十年。

我在亦小曾经的经历，如今再遇到熟悉的事件或场景，就经常像电影镜头般来回穿梭，给我一种不真实的时空穿越感。

建筑工地

2012年年底，我因为北京亦庄实验小学而来到北京。那时的亦小，还是一片建筑工地。因为是冬天，施工暂停，四周被白茫茫的大雪覆盖。2013年开春后，学校一天一个样。由于经常有上级领导来查看进度，我也就有机会进入建筑工地去看一下。2013年7月，新学校正式启用，大家兴致勃勃地搬进了新家；9月，正式开学，至今。

2023年7月，办学十周年后，亦小的校园开始进行二期改造并加建。原先的绿叶红花校园，又变成了一片建筑工地。

每次看到这个场景，从前的感觉一下子又回来了。不一样的是，当初可以说是从零开始，甚至说是从坑里开始；而今天，亦小已经有雄厚的实力和雄伟的身姿，可以立在任何的风口而挺拔俊秀、光芒四射！

好人好事

2023年6月29日晚，一年级教师董小菡结束一天的工作刚走出学校，就遇到了一位摔伤的阿姨，虽然阿姨的爱人及外孙女也在身边，但老的老小的小，再看伤者满脸是血，嘴里还在吐血，董老师就立刻帮忙打车送去了医院。租轮椅、挂号、缴费、陪着做 CT，一直忙到凌晨。9 月 5 日，伤者的爱人及女儿在多方打听之后，才终于得知董老师的具体工作单位，并立刻送来了锦旗和感谢信，学校也才知晓此事。

2013 年秋天，亦小当时的新教师刘璐，也是路遇一位受伤的阿姨，当时这边人迹稀少，阿姨的爱人在路边求大家帮忙，但没有一辆车停下。恰好刘璐经过，她立刻上前，将阿姨送去医院。隔了一段时间，阿姨出院了，把周边学校一一排查之后，终于找到了刘璐老师。

时隔十年，亦小教师这种勇于担当、敢于负责的善良本性和奉献精神，一直都在这个纯粹的大家庭里被保护着、延续着。

新老交汇

2013 年 9 月，北京亦庄实验小学正式开学。当时的师资力量可以说是两极分化。一部分是从全国各地引进的名师和特级教师，他们精力充沛，经验丰富，深谙教学规律，对教育葆有敬畏和情怀，是学校建设中的攻坚力量；另一部分是从各大院校招来的优秀硕士毕业生，年轻有为，知识宽广，但是"职业小白"，需要实战磨砺。老教师充分发挥了榜样引领作用，在进行"传帮带""师徒结对"的同时，设立"品牌教师周"和"名师工作室"等；年轻教师肩负责任，追求卓越，自我加压，成长迅速，他们有胆量有底气走上教育前台并精彩亮相。可以说，"青年才俊日"的出现，乃至数不清的课程创新和智慧校园的建设等，标志着亦小在完成了教育上的托举的同时，已全面实现了教育传承和代际共生。

如今，2023 年 9 月，建校已十年。老教师们仍然事事引领、处处表率，高风亮节，无私奉献；青年教师如雨后春笋，蓬勃生长，步步追随，已然成为师德的榜样、育人的模范、引领学生学习的专家。亦小的师资呈现出可喜的齐头并进的局面。

老教师继续耕耘在课堂，新生力量已经茁壮成长。在新老力量汇聚、经验与新知交汇之中，亦小的未来不可限量。

第四篇

每当青鸟飞过你的头顶

《山水》

每当青鸟飞过你的头顶

2023 年 10 月 10 日—10 月 13 日，由比利时象征派戏剧家莫里斯·梅特林克于 1908 年创作的《青鸟》代表作，经由北京亦庄实验小学青鸟儿童音乐剧团（以下简称"青鸟剧团"）改编为儿童摇滚音乐剧，并作为庆祝建校、建团十周年大戏，进行了四场演出。这是青鸟剧团的匠心巨作，更是学校十年来专注戏剧教育的课程硕果。此次演出，引起了强烈反响。

北京经济技术开发区管委会副主任石威，感谢 33 名孩子带来的精彩表演，他说："在你们追求幸福的过程中，也让我们感受到了幸福……你们真的太棒了，了不起！"也有多名观众积极留言，建议将此剧搬到国家大剧院演出。究竟是什么样的演出，令大家如此称赞且感动呢？

剧目介绍

传说中能够带来无尽幸福的青鸟飞走了。

夜女王为了寻找青鸟，选中了在新年许下心愿的蒂蒂尔和米蒂尔。为了完成自己的愿望，兄妹二人踏上了寻找青鸟的旅途。他们经过回忆之国，通过了夜女王的四扇门，历经未来之国的告别，在面对"幸福海啸"的洗礼时，学会了坚持，学会了患难与共，也拥有了面对困难的勇气。但是，他们的选择也让自己陷入了更大的困境：前路灰暗，伙伴走失，梦想破灭，一无所获……他们开始动摇，质疑自己为何要出发。在这样的"灵魂黑夜"中，妈妈竟然奇迹般地出现了。妈妈的爱与鼓励，让兄妹二人获得了莫大的力量，他们不再彷徨，也看到了自己一路走来所获得的成长，感恩路上相随的伙伴们，也感激坚持追梦的自己。神奇的是，当他们回家竟然发现，苦苦找寻的青鸟竟然就在自己的家中。原来，幸福就在我们身边，一直等待被发现。

此剧参演演员有33人，他们分别饰演蒂蒂尔、米蒂尔，夜女王，爷爷、奶奶，爸爸、妈妈，六个小伙伴（狗精灵、猫精灵、火精灵、水精灵、吉他精灵、熊精灵），时间老人，未出生的宝宝们。主创团队的人数非常庞大，因为这是一个集多个子任务于一体的综合性真实学习任务群。小演员及青鸟剧团的其他孩子们通过戏剧项目的学习，依据真实问题情境，经历发现问题、分析问题、解决问题的学习过程，充分挖掘个人潜能，尝试了服装设计师、道具设计师、动画制作师、原创作词家、原创作曲家、剧组小导演、门票设计师共7种不同的角色。他们不仅成功挑战3首原创主题歌词、40首原创音乐剧曲目的创作，还完成了88款演员服装、支撑8幕演出的全部道具、时长90分钟的动画背景，还有多场演出的门票设计等任务。每一项任务都看似不可能完成，但他们在这个过程中时时刻刻都在竭尽全力，挑战不可能，同时也在不同的角色体验过程中，健全了身心，提升了综合素养和各项能力。

项目课程

作为向亦小建校十年献礼的《青鸟》音乐剧，以何种方式开展才更能显示出亦小独特的育人价值呢？对此，本剧课程指导老师高丽君作出如下回答：

"戏剧教育对学生的意义是什么？是带领学生对戏剧本身的全方位探索，是以项目学习的方式推进并在整个过程中所设计的一个又一个让学生陷入真实困境的学习体验，是对'发现优势、挖掘潜能'的不断实践和探索，是学生全员、全程、全身心的倾情投入。所以，作为亦小建校十年献礼的《青鸟》音乐剧，我们选择以项目式学习的方式开展。这是一个不同以往的庞大的课程系统，孩子们在这个过程中完成的任务并不只有戏剧角色扮演，更重要的是在参演过程中的沉浸式体验。

"首先遇到了超长动画背景设计的问题，孩子们在解决这一问题时，眼光独到，别具匠心，智慧满满，黑白线条舞台效果非常高级，'手动'动画又实现了该剧的动画目标；孩子们还遇到了与剧目相匹配的作词、作曲的问题，于是就有了他们沉浸式投入创作的身影，有了他们边创作边抹眼泪的瞬间，有了他们为一句歌词修改多遍而乐此不疲的点滴，这大概就是热爱的力量吧。此外，还有服装设计、门票设计、小导演协助排剧等一系列问题，这都需要通过对项目充分的了解，并设置相应的驱动方式，让孩子们在这些真实困境中不断发现自我、超越自我。

"如何把《青鸟》以项目式学习的方式开展起来呢？结合《青鸟》的特点，我们选择使用 GRASPS 模型①这一真实学习表现任务设计工具来展示，但是面对'庞大'的《青鸟》，孩子们遇到的是由多个问题组合而成的复杂问题，他们解决的是一个又一个不同类型的问题，所以还需要对这个工具进行创新性改造。基于以上思考，我们通过整体的课程目标去驱动多个子任务的并行发生，而每一个子任务均以 GRASPS 模型的方式呈现，包含角色分析、受众分析、处境分析、产品及成功标准设置等内容，这样的结构恰好可以解决《青鸟》的项目化问题。

"项目化方式确定了，但项目化的推动不只是为了课程逻辑的完整，还应发挥更大的价值，是什么呢？那就是观众'观'的是什么。在外面剧院观剧时，大家主要关注的是剧目的剧情、演员的表演等，但是对于承载了更多教育价值的校园戏剧，观众观剧关注的点应有所不同，不仅观剧，还要观成长，这是需要我们引导的。于是在确定了这个思路之后，我们又对前期的课程化思路进行了适合观众阅读的适应性调整，将其以巨幅海报的方式呈现出来，观众进场之前将会首先看到这张大海报，通过浏览海报会初步了解学生在这部剧中的作用：原来学生不仅演了剧，还作了曲、写了词，设计了背景动画、服装、海报等，且数量巨大，让观众在初印象上就感受到校园戏剧的不同，并且带着自己对这部剧的初步思考进入观剧状态，这有助于其对剧情和剧团的理解和认识。

"海报内容呈现方式上也进行了调整，学术化的 GRASPS 模型并不易读，且产品成功标准是面向课程设计者的，我们将其调整为'留言板'，这本是另一种形式的第三方评价，当观众观剧结束后再次回到大海报处时，会将自己的感受留言至此，这样就形成了一个完整的闭环，这本身也是观众的一次小型探究之旅。这样的课程化方案，一方面呈现了《青鸟》项目化学习方式和学习成果，另一方面将观众这一'受众'的体验升级，成为我们对项目评价研究的重要载体。"

参演感悟

赵森圭（《青鸟》剧中"蒂蒂尔"的扮演者，四年级学生）："感谢王老师、婷婷老师和吕老师让我演主角，我感觉自己的努力被看到了。《青鸟》四场剧，我都有一些小失误，尤其第三场，但大家都给了我很多好评，我很感动。演出的时候，我非常投入，也有了很大进步。很庆幸有'青鸟'为伴。"

---

①GRASPS 模型是一种用于设计表现型评估的工具，由六个要素组成：目标（Goal）、角色（Role）、受众（Audience）、情境（Situation）、产品（Product）和标准（Standards）。常用于教育领域，帮助教师创建真实且有挑战性的学习活动。

周子贺（《青鸟》剧中"夜女王"的扮演者，初一学生）："2017年，我还是一年级小学生时，加入了青鸟剧团。从舞蹈到唱歌再到演戏，每一天对我来说都有那么大的吸引力，我每天积极完成作业的动力也是想能在社团多待一会儿。我结识了好多朋友，我们一起排练，一起哭一起笑，一起闹。学习戏剧不仅没有耽误我的学习，反而成了我学习的动力：为了演出，每天要排练到很晚，这就需要我在课堂上必须认真听讲、提高效率；每次的台词量都很大且很紧急，锻炼了我记台词的功底，这让我背诵课文不在话下；王老师还多次给我们请来了优秀的舞蹈老师，身体动作的高度协调加速了大脑的运转速度……所以我是以三门毕业考近乎满分的成绩从小学毕业的。但，我一点也高兴不起来，因为毕业就意味着离开。感谢王老师，让我们初中生也参加了此次的十周年戏剧节。这次的演出真的是我们有史以来面临的最大挑战，从筹划那天开始，作词作曲编曲编词编舞到很多小'青鸟'的临时加入，都给我们带来了不一样的体验。可我们'青鸟'从来没有退缩过，遇到困难就一个一个解决。我在剧中饰演的是夜女王，所有伙伴们的全力演出，让我立刻进入了状态，我不再是周子贺，我就是我演的那个角色，且沉浸其中无法自拔。感谢王建新和曹婷婷老师这么多年对我的培养，这些美好的东西都刻在骨子里了，无论任何时候，我都不会丢了青鸟的信仰，飞到哪里，我都有感知幸福的能力！"

段嘉怡（《青鸟》剧中"奶奶"的扮演者，初二学生）："我很后悔，三年级时才加入青鸟剧团。这一次《青鸟》首场演完后，我心里五味杂陈的，是喜悦，是感动，是兴奋，是曾经一次次排练的艰辛与美好。有些老师都在夸我演得好，演泪目了，这是我第一次在演技上受到如此多的夸奖，我打心底感到自豪和开心。在青鸟剧团，我学会了很多，它不仅仅是一个普通的社团，更是大家用努力和坚持一点点创造出来的温暖地围绕着我整个童年的家。能遇见青鸟剧团，是我的幸福。"

王嘉宇（《青鸟》剧中"猫"的扮演者，五年级学生）："排练的时光很辛苦，可是在舞台上闪闪发光的时候，一切似乎值得了。我想过放弃，因为对舞台的不舍又再次回到聚光灯下，这是什么？是热爱。在做体能训练时说着再也不想，可还是微笑面对；在被指责时心里十分委屈，但还是拥抱并接受它；明明累得哈欠连天，第二天还是照样主动训练。这又是什么？是坚持。我真正读懂了这个角色，它没有放下心底的善良与美好，接受米蒂尔给它带来的灿烂的名字：闪闪。我祝福青鸟剧团，希望它越来越好，因为这里有我们不灭的信仰，有我们无尽的幸福和快乐。我热爱，于是我坚持。"

牛浩老师，语文老师兼班主任，他被王建新老师发现有表演潜质，于是经过交流，牛老师决定体验一下剧中"爸爸"的角色，就当是下班后的放松了，他想。可 8 月 25 日正式接触角色才知道，大家都是认真的！认真到演出结束后，他的体重竟足足减了 4 斤。他说："在许多年以后，或许在我被生活裹挟着艰难前行的时候，我应该会想到这部剧，于是也会从心底里生出面对未来的勇气，面对困难的自信和面对生活的爱意。我特别喜欢的一句台词是'我们必须忍受无尽的痛苦，经历无数次令人心碎的失望，才会明白，欣赏我们的思想和心灵周围那些简单的快乐，就是幸福的真谛'。"

观剧感受

令数学教师兼课程指导高丽君老师动容的不仅是开场《我想要》引起的共鸣，也不仅是剧里爷爷奶奶的等待、天国小天使对爱的期盼、对妈妈的喜悦的动容、兄妹二人对幸福的向往和追寻，还有孩子们眼里的坚定和炙热，整个剧团上下的协作一致，"谢幕礼上那个乱入的踮着脚蹦跳着非要给台上姐姐一个小面包的孩童，台上台下的温暖互动，还有绚丽的动画效果、专业的服装设计、扣人心弦的歌词、恰如其分的作曲……都让我感动到热泪盈眶"。

数学老师么亚楠被剧情深深吸引并流下了感动的泪水。她说："观看青鸟剧团演《青鸟》，看到蒂蒂尔和米蒂尔的扮演者一路演到最后，每一句词、每一个动作如此娴熟，那一定是背后一遍又一遍的付出；看到'夜女王'那传神到位的'狠'和那一句句高音狂飙'为梦而来'，忍不住为其呐喊的同时掉下感动的眼泪；看到'爷爷'和'奶奶'在天堂想念孩子的一个个动作，忍不住想到自己离世多年的爷爷奶奶对自己的牵挂，更是心疼到心底；看到未来国的孩子们想要出生、不敢出生、期待出生，都让我思考如今的社会，我们都不能阻止时间老人对时间的无情把控；看到'母爱的喜悦'，我们都期待一个美丽的、温柔的、善良的妈妈，是爱、是温暖、是和谐、是亲吻才铸就了一个个温暖的家。作为观众的我们，其实是随着蒂蒂尔和米蒂尔一起穿越，一起经历梦一场，我们的生活被这场梦照亮，让我们在爱与感恩、同伴与陪伴、亲情与友情、美好与相信、勇敢与认真中回想自己的生活，追寻自己的幸福。兄妹俩寻找青鸟的过程，何尝不是孩子们追寻自己的梦想、实现梦想的过程，又何尝不是每一个人追梦的过程！"

肖立冬（观众）："没有一棵树，一开始就是树，它首先是种子，经历过寒冬暑热；没有一朵花，一开始就是花，它首先是绿芽，经历过风吹雨打。真正能让生命丰盈的，究竟，是什么？鲜花明月，花谢月缺，丽日晴空，风霜雨雪，蓦然回首，那幸福，竟在咫尺之远。愿你，温柔而坚定，热爱而坚持！"

盛昂（观众）："现场灯光和激光交汇，舞美设计美妙并且变化层出不穷，乐队演奏激情飞扬，各幕道具制作精美，还有不断向前迈动的那双大脚动画，给人以强烈的视觉冲击……舞台上孩子们投入地演出，观众们热情互动和不时发出的真诚掌声，都让人恍惚：这真的就是一所小学的戏剧演出水平吗？真心希望老师和孩子们能将这部剧搬到国家大剧院去演出！"

对于此次演出，《青鸟》总导演、亦小青鸟剧团团长王建新老师别有一番体会和感悟："这部剧从 2023 年初就开始启动前期的创作了，历时 10 个月完成，也是这十年最有意义的一部剧，它象征着幸福。这十年，青鸟剧团在亦小这个像家一样的大鸟巢里找到了幸福；这十年，我们一直在为孩子们的幸福奠定基础。经历了那么多，我们一直在寻找一只叫幸福的鸟，现在我们已经知道，它藏在母亲的微笑里，它藏在我们的善良中，没有一只青鸟可以永远是青色，也没有一种幸福可以永远停留，它会不断地飞临又消逝，我们也会不断地去寻找。"

对于"青鸟"的后续发展，王老师信心满满，他说："人生的第一使命就是让自己幸福，不是说要披荆斩棘或匍匐前行，而是希望未来青鸟剧团依然可以在追寻梦想的舞台上不墨守成规地去探索和享受，并且在每一个孩子的心里种下'青鸟'的种子，这颗种子可以是坚持、热爱、期待、勇敢、不放弃……让我们一起静待花开。"

北京舞蹈学院音乐剧教师、中国音乐剧协会创作专业委员会秘书长、音乐剧导演肖杰，非常感动于孩子们的倾情演绎，对于亦小在戏剧教育这一前瞻领域的包容与培植表达了敬意，他说："我的学生王建新之所以十年来一直坚持他的热爱与初心，与亦小良好的教育氛围是分不开的。在小学校园倡导并切实践行戏剧教育，这是一件有益于学生身心全面发展的大事、好事。"

10 月 13 日，亦小创校校长李振村老师观演后，对孩子们的表演才能大加赞赏："看着你们的演出，我有很多次热泪盈眶。你们不是在演，而是用自己的肢体、表情、语言，传递你们对幸福的追求，传递你们在学校度过的幸福时光。希望你们带着这份开心和追求，不断地挑战自己，不断地超越自己，越来越棒！"

亦小校长史丽英非常感谢李振村老师在亦小 2013 年建校起即引入戏剧教育这一课程，她说："在小学里开设戏剧课，这在全国的公立学校来讲是一项伟大的创举，对于这一有利于学生成长的课程，我们将继续下去，并坚持到底。"

当一只青鸟从心头飞过，你就是幸福的。

愿我们每个人都拥有克服困难的勇气，都拥有感知幸福的能力。

愿亦小：十周年快乐，二十周年快乐，三十周年快乐……

愿亦小师生：永远有青鸟相伴，永远有幸福相随！

晚来天欲雪，能饮一杯无？

——亦小"围炉夜话"第一期温馨开启

为便于家长更好地解决孩子成长中遇到的问题，加强家、校之间的协作力度，更好更顺畅地开展各项教育教学工作，北京亦庄实验小学开设"围炉夜话"活动，不定期地针对某些问题，与家长们进行沟通和交流。

"绿蚁新醅酒，红泥小火炉。晚来天欲雪，能饮一杯无？"

"围炉夜话"历来被文人墨客所推崇。不管是温酒还是煮茶，香气氤氲中，久别知己相聚，温暖惬意，推心置腹，推杯换盏，令寒冷的冬夜更显温暖和风雅。2024 年 12 月 6 日，正值大雪节气，亦小首期"围炉夜话"活动，便在轻松、愉悦的氛围中温馨开启。

围炉夜话　欢声笑语同问道

史丽英校长简要说明了举办此次活动的原因和必要性，并对各位家长的到来表示欢迎；大家热情地相互打招呼，做了简短的自我介绍；三言两语间，消解了陌生感，拉近了彼此间的距离。之后，参与活动的 10 位家长，两两一组，对影响孩子成长的因素展开了深度讨论。

第一组家长发言，他们将影响因素归结为三点：

一是家庭结构——谁平时照顾孩子最多？有无老人代管？父母的家教观念和亲子之间有无良好的沟通、阅读习惯等。

二是孩子自身性格——孩子的性格是内外还是外向？平时喜欢交际还是喜欢独处？有无自信等。

三是教育环境——学校的教育理念是否符合学生成长规律？理念的落实是怎样的？教师有无爱心耐心？家庭教育氛围如何？

鉴于上述内容已囊括了影响孩子成长的大部分要素，所以其他小组成员只针对自身及孩子实际情况，做了问题补充：

教育机构总是在无端贩卖焦虑，家长"卷"还是"不卷"？

孩子成长过程中伙伴关系至关重要，如何营造良好的同伴关系？

作为家长，如何与老师进行有效沟通？

家长本身不常运动，如何与学校联合起来增加孩子的运动量？

自身学历偏低，不知自己是什么类型的家长，今后应该怎么做更利于孩子发展？

在面对孩子的问题时，家长所持态度的底线在哪？

有的家长提出了隔代教育问题，在场的一位奶奶也提出了困惑："不管是谁，都希望自己的孙子孙女越来越好，但为什么总是与儿子儿媳有分歧……"

多方携手　共创智慧向未来

心理教师温鸿洋，就"自己属于哪种类型家长"的问题，提出了专业解答。她分别对成长型、专制型、溺爱型家长的特征进行了详细介绍，并对这三种类型家长之下的孩子们的个性成长和特征进行了分析。大家一致认为：在孩子的成长过程中，千万不要做冷酷专制者，要积极寻求自我进步，要和孩子共同成长，只有在尊重和关爱的环境中成长起来的孩子，才能真正达到身体和心理双层健康。

副校长来晓梅希望家长们能营造一种松弛的生活情境，就像大家此时此刻围炉夜话的心情一样。只有在充分的松弛状态下，才是一种积极的、共生的、良好的家庭环境，孩子也才能实现真正意义上的成长。

史丽英校长针对家长提出的具体问题，简要做了回答：

一是我们现在一直在培养学生自主解决问题的能力。希望各位家长把自己的疑惑提出来，与孩子进行商议，大家携手一起，共同制定原则和底线，共同遵守约定和规则。

二是我们学校的教育原则一直是把资源放在离学生最近的地方。如果家长遇到了问题，可以依据学校的做法进行思考：我的家庭资源放在离孩子最近的地方了吗？

三是关于亲子关系。家长自己要有终身学习的好习惯；平时多关注孩子的优点，再小的优点都值得家长的大力赞美和表扬；注意增加亲子阅读时间；适当减少孩子的兴趣班数量，满足孩子的灵性和个性化发展所需的时间、空间需求，让孩子的自由生长和自由灵魂的培养成为可能。

四是关于同伴关系和家校关系。目前学校做了很多活动，包括学生方面的同伴关系，也包括家长和老师之间一直持续进行的"结伴炼"，希望家长多多参与。

五是关于隔代教育的问题，学校近期会举办关于爷爷奶奶姥姥姥爷如何与子辈、孙辈进行沟通的相关活动，也希望能得到大家的支持和关注。

六是针对极个别的特殊案例，学校将持续跟进。

听完史校长的解答，一位家长感慨地说："亦小不仅帮我们教育着孩子，还在想方设法地提高我们做父母的养娃技能，现在还要帮着我们解决隔代教育问题。这是一教教三代啊，真是难得！"

又一位家长说："我们做家长的应该有终身学习的好习惯，不仅能给孩子带来榜样的引领作用，还能提高自己与孩子、自己与老师的沟通效率。更重要的是，我们通过不断充实和提高自己，有助于我们家长更好地跟上学校的教学步伐。"

感恩遇见　相知相助共成长

"围炉夜话"结束后，家长们纷纷在群里留言，讲述自己的真切感受和实际行动。

一年级七班崔洛伊同学的家长张雅琪表示："幸运的是当初坚定地选择了亦小这个学校，有这么好的校长和老师陪伴，相信我的孩子在这样优质的环境下，一定会健康成长。辛苦老师们了！"

一年级十七班徐晏清同学的家长曲晶，感慨于此次两个小时的活动："时间过得真快，在分享中学习，在聆听中思考，思路清晰了，困惑减少了。无比庆幸孩子能走进亦小，更幸运成为'围炉夜话'第一期的家长，这对于一年级的家长而言弥足珍贵。老师们辛苦了，祝愿'围炉夜话'越办越好，愿伙伴们一起成为更好的家长。"

一年级十四班崔暻然同学的妈妈，同样表示很荣幸能够参与"围炉夜话"第一期活动："作为一年级的家长，我们也和孩子一样对学校充满着好奇。'围炉夜话'确实是个神奇、有魔力的活动，两个小时就能让我们每一位家长的心情变得松弛、豁然，让我们勇敢直面自身问题，不断启发引导我们换位思考、调整心态。

我们能够深切体会到，学校的教育理念与我们家长对孩子的期望不谋而合，祝愿'围炉夜话'这个家校共育活动越来越有特色，越来越拉近学校和每个家庭的距离，让我们的孩子成为最好的自己的同时，也能成为对社会有用的人。"

还有一位小陈家长说："家校双方放下了日常的忙碌，像朋友一样促膝长谈。家长们倾听校长和老师的教育经验，你们不仅谈论孩子的学习，更加关注孩子的心理健康、兴趣爱好与未来发展。这样的沟通不仅是信息的交换，更是智慧与爱的传递，家长从老师这里学到了更科学的教育方法，老师也从家长这里了解到孩子的个性特点，能够更好地实现因材施教。大家为了孩子的成长，一起营造了一个更加和谐的成长环境。感恩遇见亦小。"

一年级十三班赵柏语同学的家长，在活动结束回家后，第一时间召开了家庭内部的"围炉夜话"，她说："在彼此的沟通交流中，再一次感受到良好的亲子关系的重要性。当父母和孩子都能敞开心扉、坦诚沟通时，一切问题都可以迎刃而解，彼此的理解愈发深刻。特别感谢校长和老师们的倾情讲解，在思维碰撞中，家校双方的教育理念达到了更深层次的共识！"

今后，亦小"围炉夜话"活动还会继续深入开展下去，敬请期待。

这里的学生吃上了"自助餐"

2024 年 2 月 26 日，在北京亦庄实验小学开学典礼上，校长史丽英提出了自己最朴素的愿望："我希望学生在学校可以吃好、玩好、学好。'吃'这件事很重要，吃好，才能身体好，这是学生玩好、学好的前提，因此，学校近期的目标很清晰，那就是——先让学生吃得好。"

那么，如何才能真正让学生吃得好呢？一是菜品质量必须有保证，源头有把控，操作要规范；二是菜类搭配必须科学、合理；三是个别需求必须得到充分满足，要像亦小的课程特色那样，丰富、多样、可选择！

于是，本着上述要求和"四全"育人原则，亦小从 3 月份起，在保证已有菜品、菜质的前提下，改变原先的打餐方式，在五六年级学生中实行"自主打餐"，将"吃什么、吃多少、怎么吃才更科学更合理"的选择权，全面交给学生；同时渗透学校"四有两能"（有理想，有品格，能担当；有智识，有规则，能创新）育人目标，探索出了一条全新的育人路径。

自主打餐？安排！

开学前，史丽英校长与餐厅经营责任人就"高年段学生自主打餐"一事达成一致意见。3 月 6 日，在学校中层干部群里，史校长将这一结果进行公布，她认为，自主打餐是一个特别好的让学生自主选择的锻炼机会，希望五六年级级部主任和后勤负责老师及时进行深入沟通，并对学生如何选择菜品才能做到营养均衡、如何为自己的选择负责等育人目标的实现，提出建议和期待。

当天，后勤部门负责人和五六年级的相关老师立即进行了深入沟通，初步提出了"'自主打餐'专题育人前置、更新餐厅软硬件设施和打餐路线时间重新设计"的准备计划。

3月7日，后勤的老师同餐厅经营责任人进行沟通时得知，其服务的某所学校，有"自主打餐"的实施经验，于是3月8日，后勤主任韩超、副主任伏超两位老师前去"取经"。

3月11日，对六年级十四班的学生进行自主打餐内测，同时严格采集打餐时间、打餐空间、菜盘摆放位置、菜品质量、餐具牛奶水果等的放置顺序等数据，并同班主任陈超老师和学生们一起讨论打餐体验，就出现的问题进行优化。

随后，后勤主任和五六年级两个级部主任再次碰面沟通，集合互相需要的支持，并确定了后勤给予年级的教育资源以及年级内部讨论出来的就餐时间段、就餐路线、窗口等细节。

史校长提出了优化建议："让育人功能可视化，将育人渗透至学生打餐的各个环节和场景，让学生在他所触及的餐厅空间里，能时刻感受并逐渐形成自主打餐及衍生的一系列育人动作。"于是，伏超老师在全面公布资源包的前提下，制作了多块科学膳食、合理搭配、"光盘"行动、就餐礼仪等内容的宣传板。

经过一周多的紧张筹备，3月18日，亦小"自主打餐"改革正式实行，借址在北京亦庄实验中学就读的五年级部分班级和六年级全体学生共计780人参与其中。

第一个"吃螃蟹"的班级

关于上文提到的"3月11日，对六年级十四班的学生进行自主打餐内测"一事，在此需要详细记录一下。

陈超老师是六年级十四班的语文老师兼班主任，他说："我们班是第一个尝试自主打餐的，我也是后来才知道的。因为我都没来得及提前通知孩子们。"

"事情是这样的。3月10日，负责后勤的伏超老师跟我商量自主打餐的事。当时我们有点顾虑，就想把可能出现的问题预设得更全面一些。但是，再怎么预设也会有疏漏，于是我建议伏老师，可以找一个班级在真实情景下演练一遍，让可能出现的问题提前暴露出来，这样在实施的时候就能更好预防。刚好第二天，我们班最后一节课有时间，于是就由伏超老师带着孩子们提前去了餐厅。学生自己也不知道去干什么，刚开始还感觉挺新鲜的。"

"我听同学们反馈说，有的同学只打自己想吃的菜，就走得慢一些，导致排在后面的队伍会有一定的拥堵；有的同学打菜不熟练，会有掉落，从而影响整体行进的速度，但是他们并没有说因为打餐形式转换之后，对用餐会有什么不好的影响。于是，我组织他们讨论关于自主打餐的事情，让他们自己总结发现的问题，并提出之后打餐时应该注意的事项。学生们经过这一次尝试之后已经意识到：不能由于自己的喜好而影响到整体的流畅度，也不能只盯着自己喜欢的一两个菜而影响自己身体发育成长所必需的均衡营养，更不能图一时之快而取了过多的餐最后导致浪费……现在，孩子们都非常适应，不仅没有因为自主打餐造成拥堵，反而因为形式的改变而分流了排队的人群，提前了落座就餐时间，整体就餐也更加有序了。"

让人兴奋的一次班会

3 月 11 日 — 15 日，经过了一周的合理膳食、科学营养、就餐礼仪以及文明用餐等的引导和熏陶后，孙冬雪老师和她所在的六年级十班的孩子们在 15 日（周五）下午，专门进行了一场讨论会："来来来，大家不能只兴奋，先讨论一下自主打餐会出现哪些问题？我们要如何避免？"

孩子们叽叽喳喳地讨论出很多问题。首先，也是最重要的就是安全问题，追跑打闹、插队等不好的行为很有可能会引发冲突。那么在排队打餐的时候，前后同学间隔一米，严格规范打饭工具的用法，如果插队就去队尾重排，实在不行就找大队委反馈。

其次，磨叽问题。"我吃不吃呢？我打多还是打少啊？"于是拥堵问题随之出现了。解决方法是：由露露同学和妈妈一起负责，把每天的饭菜食谱写在黑板上，同时公布在班级群里，同学们可以提前想想自己需要吃什么，别到地儿了再细想，后边的同学们都饿着呢。

再者，就是营养均衡问题。遇到喜欢的就狂打一大堆？这可能会导致后边的同学没有足够的饭菜，打多了还有可能造成浪费。遇到不喜欢吃的就一口也不吃？那可能会造成营养不良。那就自我控制、同学监督，大家一起健康饮食。如果能全部吃掉自己取的餐的话，那他的"光盘"行动一项就加 2 分。

最后，就是卫生问题。在菜里翻找或者已经打到盘里了又再放回去，是非常令人讨厌的行为。那就做到吃饭之前先洗手，打饭勺子要拿稳，打到盘里坚决不许拿回去。

讨论结束，规则已经定好，孩子们极力压制着内心的兴奋，静等周一的到来。

第一次正式实践

3月18日（周一）11：20，孙冬雪老师提前来到餐厅，等待孩子们前来就餐。自上周学校提出要"改变就餐方式，实行自主打餐"后，孩子们可以说是异常兴奋，他们不仅考虑到很多不稳定因素，并且还专门进行了班级讨论，自主提出问题并探索如何解决问题。他们说得都挺好，但是具体会做成什么样呢？她有点拿不准。

11：25，孩子们准时来到了1号窗口，自觉分成两队，前后间隔约一米，进行自主打餐。打餐过程中，没有出现拥挤、插队现象，也没有吵闹、磨叽，更没有出现"喜欢吃的就加一大盘子，不喜欢吃的一点也不碰"的现象。35个孩子用时约3分30秒，就全部打餐完毕。孙冬雪老师悄悄地长舒一口气："看来，给他们一个机会，他们就会还我一个惊喜。"

孙冬雪老师跟着学生来到就餐区。他们的用餐秩序出奇地好，有几个学生吃完饭后，身体晃啊晃地将干干净净的餐盘往她面前一递，不声不响地静等评价，而当孙老师一次次竖起大拇指的时候，孩子们却又无一例外地害羞地笑了。

由于这是第一天正式实行自主打餐，内控人员张志伟老师也早早来到了餐厅。他通过细致观察后发现，如果孩子们一手端餐盘，再腾出另一只手去打饭的话，有时候会出现洒菜洒饭或掉筷子掉勺子等现象，一看东西掉了，孩子们会很忙乱，也就影响了正常打餐进度和就餐心情。

"那，我们能不能加宽一下餐台，让孩子们可以将盘子放在台面上再打饭？"张志伟老师的这个建议一提出来，立刻得到韩超和伏超两位老师的肯定，他们即刻向校领导请示，很快得到了批复，他们又立刻寻找渠道进行餐台加宽。

3月24日，加宽的餐台到货了，餐厅工作人员加班安装。25日（周一）中午，在宽大的餐台旁边，打餐的孩子们更加从容了。

"上周五，我看孩子们给我写来的反馈内容，有学生说'打饭拿不稳盘子有时候会洒汤'，周末两天我都在想这事应该怎么解决，没想到周一早上我就发现，咱们的餐厅已经加宽了餐台，太迅速了！"孙冬雪老师再一次竖起了大拇指。

怎样才能保证学生吃得好？

每个班级按照既定时间到各自餐台进行打餐，虽然能让餐厅人员的工作压力得以减轻，但也提高了对其他工作的要求。

何时加菜？如何加菜？

实行自主打餐的第一周，餐厅出现了加菜时机不精准的问题：有的菜品已经快见底了，但后厨还在紧张地备菜、炒菜中；有的菜品还有很多，但新一锅菜已经炒出来备着了。

这个问题出现后，大家通过集体讨论，找出了解决办法：负责出菜的大厨和另外一名厨师在窗口来回巡视，对需要加的菜能做到及时和精准把控，并对餐台工作人员细致分工，在第一拨学生打餐之后，每两拨学生的间隙中都会从加热柜中把主菜和半荤菜加入餐台，蔬菜类和部分半荤菜因为出菜快，可以从第二拨学生打餐之后开始现场炒制，一直到第五拨前，根据打餐量随需随炒。这样，每一拨学生都能吃到新炒制的菜品。人力的相对解放，也让后厨有了更多的精力来把控出菜；蔬菜类和部分出菜快的半荤类，随需随炒的效果也比一次全出菜更能保证口味。

加餐台设在哪里？

原先在使用传统打餐窗口时，为了方便学生，学生的加餐台和盛汤区是设在同一个位置的。而实行自主打餐后，该位置极易产生拥堵。

解决方法是：取消原先设在盛汤区的加餐台，需要加餐的同学直接到自主打餐区自主加餐。功能分区了，拥堵问题也就得到了改善和解决。

爱吃什么？不爱吃什么？

因为菜品由学生自主选择，几天下来，学生取餐量的多与少在一定程度上也能反映菜品的受欢迎程度，所以无论是菜量还是菜品，自主打餐都对餐厅提出了更高要求。

学校后勤和餐厅人员勤交流多沟通，共同优化菜量和菜品，他们以餐厅作为主阵地，发现问题及时研讨和优化，争取餐厅的事情在现场就能得到及时、精准解决。

人多了，办法也会更多。韩超、伏超、张志伟、任书红四位老师，加上两位餐厅的经理和大厨，及时对菜品菜量问题进行总结，在每周主菜一次牛肉、一次羊肉、一次鸡腿、一次排骨和一次红烧肉的基础上，在保证食材品类质量和菜单搭配更科学合理的同时，也会结合学生的口味和需求进行变化。史校长和餐厅工作人员也经常与学生、老师进行沟通，征求意见和需求。她说："孩子们都很喜欢这样的打餐方式，现在浪费的现象也减少了！"

自主打餐怎么样？

自主打餐一周后，孩子们有什么意见和建议呢？

孙冬雪老师班里的孩子们的评价是：

"自主打餐后，感觉大家不吵了，也注意个人卫生了，因为我们都知道，这是我们大家一起吃的饭菜，不能随便打了再换。"

"我非常喜欢自主打餐，因为我认为这样不会浪费。"

"自己打餐很有成就感。"

"浪费粮食的现象减少了，每个人打的饭都是刚刚好，而且参与感很强，体验到了餐厅阿姨的感觉。"

"我现在体会到了餐厅里叔叔阿姨们的辛苦，我自己只打自己的一份餐还这么费事，更别提之前他们帮我们打餐时的辛劳了。我更加尊重他们了。"

"实行自主打餐，减轻了餐厅工作人员的工作强度，相反，却锻炼了我们的动手能力。"

"我很开心学校能实行自主打餐，这不是说我想吃什么就一定要多吃什么，我还要考虑到合理搭配，还要考虑到其他人。我的同学们都考虑到了这一点，我感觉大家其实都挺自觉和高尚的。"

3月25日，周一，六年级二班语文老师兼班主任李卫娜老师，在早上升旗仪式后，和孩子们对上周的自主打餐进行了复盘，大家把自主打餐的优点和建议一一列出来，并根据出现的问题，进行了有效商讨和积极改正。

"自主打餐有可能会导致偏食，这个问题如何解决？"敲着黑板，李老师问。孩子们立刻七嘴八舌："不能只吃肉不吃菜，也不能只吃菜不吃肉，更不能只吃自己喜欢吃的。这种事情我们完全可以自己解决，老师，你就放心吧！"

后勤的伏超老师说："在学生的自主打餐过程中，老师们付出了很多。"

而五年级级部主任冯慧敏老师则说："我们只是在后勤老师的指导下，和学生进行了具体的有效交流，主要是后勤部门的工作做得特别细致，他们及时发现问题，并提出解决方案，反复与我们两个级部进行沟通。不仅如此，他们还通过公布二维码来征集就餐意见和建议，让学生们真切感受到，这是我的餐厅，打餐是我个人的事情，我要为自己的行为负责。"

陈超老师也说："我其实并没有做什么，是学校的安排得当。"

"自主打餐的任务一提出来，后勤、餐厅以及级部的老师们，步调一致，火力集中，在很短的时间内就形成了有利的氛围；在实施的过程中，大家及时发现问题，准确解决，使此项工作得以迅速、有效地进行；现在，孩子们吃得很好！只有相信学生了，只有真正做到学生第一了，孩子们才会有机会表现出他们主人翁的、有担当的那一面，他们的自我约束和自主成长，使得这项措施自然而然地更加接近了亦小的育人目标。"对于此次改革，史丽英校长如此总结。

"自主打餐"之后呢？

现今，亦小五六年级"自主打餐"工作已全面步入正轨。由于学校相信学生，所以放手，让学生自主打餐。孩子们手中有了选择权，激发了他们对自我的约束和管理，以一己之力，还自己一个清新、有序、愉悦、整洁的就餐和成长环境，使"有理想，有品格，能担当；有智识，有规则，能创新"成为可能。同时，餐厅拥挤、吵闹、浪费等现象锐减。

4月2日，亦小后勤老师和餐厅工作人员又聚在一起进行总结，他们说："我们要在一至四年级学生所在的食堂，进行'保质保量，科学膳食，兼顾需求'的整改工作，以保证亦小全体学生在校期间都能'吃得好'！"

"猫耳洞"里趣事多

——亦小"猫耳洞课程"研发及实施

2024年9月,由于特殊原因,北京亦庄实验小学除三四年级外,其他四个年级分别在经开区内四所园、校借址上课,形成了"一校五址"的复杂局面。在这种情况下,各个级部团结一心,本着"一切为了学生"的办学宗旨,把遇到的棘手、疑难问题,睿智地转化为课程研发的缘由,群策群力,开发出了一系列利于学生全面发展的课程。一年级级部的"猫耳洞课程",就是其中之一。

一年级今年招了700名学生,共有18个班,但是借址的幼儿园里只有14间大教室,外加4间面积约为60平方米的小教室。有人肯定会想:约40个孩子在不足60平方米的教室里上课,也太小了吧,谁会去呢?可就是这样的小教室,却成了孩子们争相走进的秘密空间:"不是谁都有资格去猫耳洞的""猫耳洞是个神奇的地方""我一定要去那里探险""我一定要达到猫耳东先生的所有要求"……

不仅充分利用了狭小空间,还根据儿童的心理特点,开展了一系列关于学生基本素养养成与提高的活动,这一切的载体,都源自老师们原创的"猫耳洞课程"。

1. 课程开启

阅读提示:"猫耳洞课程"以一则《小海鸥奇妙漂流记》的原创故事开启,主要是激发儿童的好奇心,提高课程的趣味性,将"猫耳洞教室""猫耳东先生""能量值"等元素缓缓植入儿童心里,巧妙地将小猫身上的特质加以利用和拓展,提取为"倾听、专注、轻声慢步"三个关键词，作为一年级学生的核心素养来悄然落实。同时以"邀请函"的形式告知家长，形成家校合力。

"猫耳洞课程"以一则《小海鸥奇妙漂流记》的原创故事开启。注意了，这个故事里的主人公"小海鸥"，可以换成孩子所在教室的教室名。比如9月18日下午，在二楼的一间大教室里，一年级七班"小黑鱼教室"的孩子们开始的这次漂流，就是孙冬雪老师和她的"小黑鱼"们一起进行的《小黑鱼奇妙漂流记》。

故事开始。

在漂流过程中，小黑鱼遇到了好多有趣的小动物，首先遇到的是需要冬眠不想被打扰的鳄鱼先生，还有一个正在悄悄积攒超能量的小蜗牛。这个时候，新的问题就出来了：小蜗牛为什么要积攒超能量？如何才能积攒超能量呢？

小黑鱼又遇到了小鹿，小鹿说："要轻声慢步，才能得到猫耳洞洞口的能量卡。"遇到了海豚，海豚说："要认真倾听，并且坚持的时间越久，得到的超能量就越多。"又遇到了螃蟹，螃蟹说："要安静有序排队，才能得到超能量，因为猫耳洞里有个猫耳东先生，他就喜欢安静有秩序的孩子。"

猫耳洞，猫耳东！

陆续出现的这两个名称，把孩子们的兴趣又激发了："哪里有猫耳洞？猫耳洞什么样？猫耳东先生是谁？长什么样啊？"

继续探险。

猴子说："再往前走，就是传说中的猫耳洞了。那可不是谁都能进去的地方，很多动物想进却进不去呢。"

这一下，又吊足了孩子们的胃口："真的吗？学校里竟然还有不让我们进的地方！"

于是，有的孩子七猜八猜："猫耳洞到底在哪里呢？"

在故事的后面，附有几张照片，拍的就是学校里那四间小教室，孩子们恍然大悟："噢，那就是我们要找的猫耳洞啊！"

但是，小黑鱼走到猫耳洞门口，却犹豫了。

"他为什么犹豫了呢？"老师问。

一个男孩子举手说："他在想，自己有没有积攒到足够的能量卡。"

"是啊，他肯定在心里计算，自己的能量值有多少呢。"小女孩附和。

忽然，有个男孩子着急地大声问老师："我不会乱跑，还会好好排队，我能进猫耳洞吗？"

孙老师说："你的声音好大哟，猫耳东先生可是最喜欢安静的孩子……"

老师的话还没说完，被另一个孩子打断了："老师，我也会有秩序地排队走路，我能进猫耳洞吗？"

孙老师说："能够专注地倾听他人的讲话，是进猫耳洞的又一个重要条件。也许，我们故事一开头那个只想冬眠不想被打扰的鳄鱼先生，就是因为某种原因而被拒之门外的。"

于是，教室里一下子安静了，孩子们的双眼亮晶晶的。期待再一次被延长。

终于，在孩子们的无声注视下，缓缓地，老师伸开了紧握的拳头，掌心里，一只小小的猫耳东先生出现了！

"哇，真的有猫耳东先生呢！"孩子们惊呼。

"可是，他怎么这么小啊？"有的孩子很失望。

"老师，我们能不能让猫耳东先生变大啊？"有的孩子开始异想天开。

"当然了！"

在得到了老师肯定的答复之后，孩子们又问："我们应该怎样才能让他变得和我们一样大呢？"

老师把这个问题面向全体孩子又重复了一遍，于是，就有孩子三言两语地在回答了：

"安静，不乱插话。"

"要学会专注地倾听别人说话。"

"不乱跑，还要有秩序地排队！"

老师说："答案出来了，下面就看大家的具体行动了。"

既能让猫耳东先生如自己所愿变得高大，自己又能得到进猫耳洞的超能量，孩子们的积极性更高了！于是，课堂上，孩子们安静极了，都在认真听老师讲话，都在专注地听其他同学回答问题；出门活动时，孩子们的队伍安静、迅速又整齐，还静静地有秩序地下楼……孩子的成长离不开童话，童话故事的作用好大啊！

由于一年级七班的孩子们表现得都非常优秀，包班的高丽君和孙冬雪两位老师决定，大家可以集体搬进猫耳洞教室！孩子们开心极了，抓紧时间开始整理书包和抽屉柜。

约一刻钟后，孙老师问："小黑鱼们，收拾好了吗？"

"老师，我们收拾好了！"

"好，开始搬家！"

在两位老师的引导下，孩子们迅速地将自己原先放在抽屉柜里的学习用品，搬到了猫耳洞教室所属的抽屉柜中；作为第二拨幸运的"小黑鱼"，孩子们与开学起即在猫耳洞教室生活的班级，进行了位置互换。

下午放学后，一年级七班的家长们就收到了老师写来的一封告知信。信上说：我们将开启为期两周的猫耳洞奇幻之旅。在旅行途中，有对原创绘本故事的学习，有超级能量值的积累，还有很多好玩又有趣的行为指示牌等着孩子们去解锁，以帮助孩子们养成专注、倾听、轻声慢步等良好的素养和习惯。告知书里还附有猫耳洞教室的主人猫耳东先生发来的邀请函。

至此，"猫耳洞课程"正式开启。

2. 课程由来

阅读提示：把不利因素当作课程研发的基础，在民主、自由的氛围里，在既定的课程框架下，充分挖掘教师团队的聪明才智，尊重每一个创新的声音，融合每一个有利的元素，在用课程解决问题、用课程浸润童心的同时，也有效提高了团队的课程研发和整合能力。

负责一二年级的课程专家、副校长李伟老师，对此课程秉承的宗旨、定名、缘由、项目后续的完善等情况进行了详细介绍。

"由于今年学校情况特殊，我们一年级 18 个班的学生，需要借址到附近一家幼儿园上学。幼儿园里提供的大教室的环境相对好点，只是要在不足 60 平方米的小教室里容纳接近 40 个孩子以及教师的办公多媒体设备，条件还是比较艰苦的。怎么办呢？我和一年级级部主任王婷婷老师在聊解决方案的时候，我们就想到了先给小教室起一个好玩的名字，让在这里上课的孩子感到好奇和有趣。史丽英校长平时一直强调'儿童的学习不可缺少游戏精神'，这句话指导着我们去思考实际问题。

"咱们学校有个宠物角，依着孩子们的喜好，特意养了两只猫，猫憨态可掬，非常可爱，小猫的耳朵更是小巧，一想到就让人禁不住嘴角上扬；小教室虽小，但它里面的结构很奇特。于是我就结合二者的特点，又考虑到一年级孩子的认知规律，就自然而然地起了这个名字：猫耳洞教室。

"大家都一致认为这个名字很别致，对孩子也会有很大的吸引力。于是接下来，我们就一起寻找小猫身上有哪些特质是值得拓展和研习的，经过商讨，我们就抓住三个核心词作为一年级学生入学的核心素养来落实，一是倾听，二是专注，三是轻声慢步。

"在我们学校，不管是要培养学生的习惯还是核心素养，一定不是直白告知，一定不是老师提出要求，我们习惯用课程来浸润，用课程来引领，所以，就有了'猫耳洞课程'。

"以高丽君老师为首，我们专门成立了'猫耳洞课程'项目组，围绕这三个核心素养的落地，进行一系列的综合性的跨学科课程设计。后来，收到边边老师的积极反馈，我又在原定课程的基础上，补充了老山战役和'猫耳洞'的部分内容，使得在国庆期间浓厚的爱国氛围影响下，实实在在地在孩子们心中种下了一颗爱国的种子。'课程中拓展了老山战役猫耳洞的资源，这是由物到道的进展，换句话说，这是在帮助孩子们形成终身受益的红色品格，非常好！'史丽英校长看到越来越完善的猫耳洞课程，忍不住为我们点赞。"

对于课程的相关设计，高丽君老师介绍说："9月14日，我们在李伟副校长的主持下，在级部主任王婷婷老师的指导下，进行了第N次热烈讨论。伟姐把课程的总体框架设计以及框架之下的子任务整合的工作，全盘交给了我，这让我压力山大。9月15—17日，我利用中秋节这三天小假，对猫耳洞课程进行了全面梳理和完整设计，把一开始比较粗糙、分散的设想，用课程的架构去深入去挖掘去统领去打磨，形成了现在较为完整的猫耳洞课程。"

话说得非常轻巧，但相熟的老师都知道，高老师的这三天小假，是在她的反复高烧和课程反复推倒重来的高强度工作中度过的。"但是当课程整理完之后，那种幸福感和成就感，是任何一种体验都无法超越的。"

这个课程，用原创有声绘本故事开启，以儿童的方式介绍猫耳洞教室，里面有生日会，有会画画的窗户，有很多很多魔法，能够做到"眼睛静静看，耳朵细细听，脚步轻轻移，行走有秩序"的小朋友就能获得超能量，从接到猫耳东先生邀请函的那一刻起，这场奇幻漂流便开始了……这一做法，充分激发了学生的好奇心。再借由两本关于猫的绘本，从不同视角带着学生进一步认识猫的特征，佐以音乐改编，让学生在原创主题曲里获得猫警长的坚毅睿智，在动物模仿秀里习得不同场合的行动要领。此外，还有丰富的综合能力提升工具（见下图），解决学生在这个阶段可能会遇到的问题，让学生学会各种调整情绪的小技巧，在大自然里收获满满当当的秋的馈赠等，为的是让每一位亲爱的小孩感受到"我是小学生啦"，每一天都在积攒超能量，每一天都在努力长大，每一天都在遇见更好的自己。

◇儿童情绪调节手册

◇化解冲突小妙招

◇室内游戏：自制飞行棋

◇室外观察：一组秋天素材简笔画

◇室外活动：秋季自然观察手帐

◇室外活动：自然寻宝任务卡－室外活动单

◇我的小学生活

◇专注力培训：注意力训练小游戏

◇自我管理专项：学习责任、团队合作和自我管理专项

◇自我认知、倾听和赞美

高老师说："课程里的所有资源，都不是固定不变的，并且，不管班级是在大教室还是在猫耳洞教室，老师们都可以根据自己班级孩子的情况，在顺序、侧重点以及实施方式上，进行自主调整，同时根据实施情况，再对课程进行补充和完善。经过这样一轮轮的实践，进一步迭代，逐步形成一个成熟的完整的可以供之后的各年级执行的课程体系。"

3. 课程进行中

阅读提示：为期两周的猫耳洞课程在所有班级中有序开展。从资源包到真正付诸行动，每一步，都需要老师们精心组织、细心策划和爱心付出，在"润物细无声"中，将核心素养贯穿其中。

9 月 19 日，一年级七班的孩子们如愿在猫耳洞教室开始了崭新的系统的"猫耳洞课程"，他们的脸上有着掩饰不住的激动和兴奋。

9 月 25 日，不管是在大教室还是在猫耳洞教室，一年级的 18 个教室，来了一次"猫耳洞课程"集体大展示。

有的班在室内进行《绿眼睛》或《他们都看见了一只猫》的绘本学习，有的班正在老师帮助下进行注意力训练小游戏和动物模仿秀；有两个班的孩子，端端正正坐在音乐教室的地面上，在穆鹤琳和王翘楚两位老师的共同指导下，学唱改编的歌曲，配合着歌曲学做简单的舞蹈动作，当王老师悠扬的小提琴声响起，孩子们渐渐陶醉其中，并不自觉地手舞足蹈起来；有几个班的孩子带着老师准备好的学习单，在校园里开心寻找昆虫和目标植物；有的班级在体育老师的带领下，在林荫道上整队、跑步，或是快乐地模仿多种动物的动作，跑啊跳啊……每个班的活动都不一样，但都在围绕着课程核心主题有条不紊地开展着。

当日下午，一年级七班的孩子们带着"大自然寻宝卡"学习单，跑进校园。在温暖和煦的秋日阳光下，他们迈着标准不一的猫步、学着小马的嗒嗒跑、螃蟹的横向走或袋鼠跳，对草丛里的秋虫、树上的蚂蚁、树的品种及树叶的形状、果树的枝叶及果实、花的名称和颜色等，进行全方位的观察和记录。

其间，他们会不小心触碰到别人然后不好意思地道歉，静静等着对方的"没关系"；他们会很自然地组成小组，却会随时与另一个小组的组员牵手跑到一棵果树下，齐刷刷地趴在那里做笔记；有的小女孩非常豪迈地骑坐在大大的由轮胎组成的圆椅上，有的男孩子则很虔诚地趴在树下"依葫芦画瓢"；有一个大胆的小男孩将一只绿色的大蚂蚱放进了老师的手心里，看到平时文静稳重的老师一下子跳开后，他又上前怜爱地摸一摸老师的头，并再次将蚂蚱捡起来，和其他男生一起到旁边进行研究；有一个小女生采了一朵野花，老师招呼大家一起看花瓣看颜色看花托，之后随手将花插在了女生的头上……

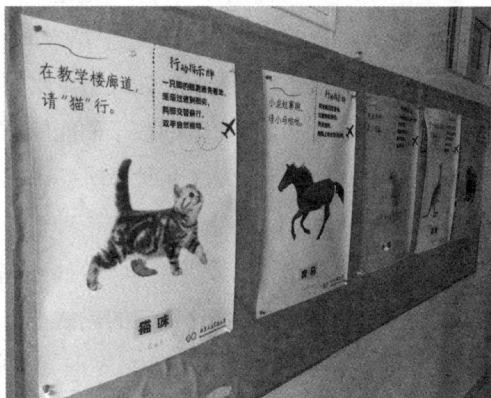

在课程进行中，有的孩子一天可以获得 7 个能量值，有的孩子一周内总是穿着同一件衣服，只因为这件衣服上贴满了他努力得来的各种形态各种颜色的小猫贴。

4. 课程影响

阅读提示："猫耳洞课程"怎么样？听听孩子的感受、看看家长的感言就知道。"孩子们的感受和家长们的认可，让我很想大哭一场，我们所有老师的辛苦付出都是值得的！"

正当一年级七班的孩子们在猫耳洞教室里玩得不亦乐乎的时候，9月18日刚刚搬回大教室的一年级十三班的小凡同学，却在校门口哭嚷着不想上学了，这让小凡爸爸措手不及。

牛俊阁老师再三询问，才明白了其中原因："离开小教室后，我的这些能量值可怎么办啊？我想再回到猫耳洞教室。"听了孩子的担心，牛老师笑了："不管我们是不是在猫耳洞教室，大家的能量值照常有用，'猫耳洞课程'照常进行！"小凡开心极了："我要继续争取能量值，我还要和猫耳东先生做游戏！"

一年级十三班，是第一拨在小教室里学习和生活的四个班级之一，从9月1日入学到9月18日搬出小教室，当时还没有完整的"猫耳洞课程"呈现，那，为什么孩子还是会有这么大的反应呢？

8月底，一年级各班级按顺序分教室，牛俊阁老师所在的一年级十三班分到了小教室。"小教室面积小，且呈不规则形状，只能因地制宜摆放桌椅，我和搭班小伙伴一起，经过多次尝试，最终根据空间特征，把班内的桌椅也摆成了不规则形状，分别是二人组、三人组、四人组。桌椅摆放好了，我们又想尽一切办法装饰教室、设计课程，让活泼可爱的孩子们能够学习、生活得更惬意。恰好，级部成立了'猫耳洞课程'项目组。这个课程创意和新颖的教室名字，让我们都眼前一亮。接着就是激情澎湃的讨论时刻，大家各种金点子不停碰撞，从课程开启的奇幻漂流到过程中的绘本浸润，以及各个学科的集中全面发力和贯穿课程始终的猫咪贴纸评价、能量增值体系等，都让我们的热情被持续激发和点燃。"

"严格意义上讲，我们在小教室时，完整的'猫耳洞课程'还处于酝酿中，由于我是项目组第一批成员，近水楼台先得月，我就把自己的设想与项目组的一些创意及时综合起来，在班里提前开启了'猫耳洞课程'。即便只是涉及课程中的一部分，孩子们在搬离小教室时仍是恋恋不舍。所以，出现小凡同学这样的现象，也是可以理解的。"

小凡的事情解决了，但家长群里一位妈妈的反馈，让牛老师的心又悬了起来："子豪同学在刚离开猫耳洞教室时还挺伤心的……不过现在已经好多了，感觉是

'猫耳洞课程'中的情绪价值和正向引导起了作用，孩子现在已经能够用积极的心态去适应环境的变化了。"看完留言，牛老师开心地笑了。

"猫耳洞课程"的继续进行，弥补了孩子们心中的遗憾，也加深了家长对课程和学校的认可。"晓雨特别喜欢猫耳洞教室。我认为，是老师们的巧妙设计，抓住了孩子们的心理特征，所以获得了巨大好评。"晓雨家长的言语中充满了赞扬和肯定。

经过细致观察，梓溢妈妈发现孩子现在放学后，都会跟自己说说今天有什么开心的或是觉得自己哪里没做好的，早上的时候也总是希望早一些去学校，她说："孩子现在对上学如此积极，这和学校开展的'猫耳洞课程'有很大的关系。"

"你喜欢猫耳洞教室的哪个地方？""你认为猫耳洞教室有什么特点？"面对牛老师的提问，孩子们说出了"可爱、漂亮、干净、魔法、霸气、创意、特别"等关键词。

"孩子们的感受和家长们的认可，让我很想大哭一场，我们所有老师的辛苦付出都是值得的！"牛老师动情地说。

到10月8日止，一年级七班的"小黑鱼"们，在猫耳洞教室完成了全部的"猫耳洞课程"，并于当天搬离猫耳洞教室。

重回到大教室的"小黑鱼"们，提起猫耳洞教室也是念念不忘：

"我感觉猫耳洞教室很温馨。"

"洞门一关，我们的猫耳洞教室非常非常安静！"

"我喜欢猫耳洞门洞的设计。"

"那里面的装饰我特别喜欢，我想把它们都搬到大教室里来。"

"我很喜欢有猫耳东先生陪伴的日子。"

……

"这个课程非常棒，能够制造真实的场景，让孩子去体验，把教育转化成了生活，这让孩子拥有了很强的学习和适应能力。从环境切换延伸到角色转换，于我们成年人来说都是需要刻意练习的能力，我的孩子在这个时候能有这样的体验简直太棒了，非常感谢学校用心设计的硬件和软件，感谢老师们的智慧。"像佑熙妈妈这样的感谢信，高丽君老师已收到了很多封。班里的儒隽家长，则写来了一封长信，信中对学校的理念、老师的修养、学生良好习惯的养成、社团设立以及家校关系等进行了一一肯定，最后说："作为一名一年级小学生的家长，孩子能够上这么优秀的小学，我感到非常幸运。我们非常喜欢学校的教学理念和教育方法，希望今后学校继续用爱培养祖国的每一个'小花朵'。作为家长，我们会以满腔的热血和不懈的努力，陪伴孩子走过宝贵的小学时光，见证孩子每一步的成长和蜕变。也相信在爱与智慧的滋养下，在家校的共同努力下，每一个孩子都能绽放出属于自己的光彩！"

5. 连锁反应

阅读提示：不管是刚入职的萌新教师，还是从别的学校调来的老教师，在这里，只要你是真心为孩子们着想，你就有发言权，也就会有足足的存在感、成就感和幸福感。这，就是一所学校民主和自由的真实体现。

由"猫耳洞课程"所引发的影响，不只体现在学生和家长身上，参与其中的老师们，也受到了不同程度的启发和鼓舞。

9月份刚入职的蔺云娣老师，就是课程开启绘本《小海鸥奇妙漂流记》的原创者，她说："文字是原创的，部分绘本底色和动物素材则是借助于网络。在设计绘本时，我想让孩子们体验得更开心，加入任务驱动会让后面的活动衔接得更顺畅，所以在制作过程中，我就想着如何去不断激发孩子的好奇心和探究欲，我希望孩子们带着满满的期待进入猫耳洞。在前前后后的文章修改中，高丽君老师给了我很多鼓励和建议，我很感激她。虽然我刚加入学校不久，但真的感触很多，比如我们级部主任王婷婷说的'家校关系的根本就是师生关系'这句话，通过'猫耳洞课程'表现得更加淋漓尽致。在课程进行中，我们班孩子玩得都非常开心，他们从开启课就开始期待，每天都会有新的任务，非常充实，很特别且很有意义。孩子的变化，让家长们看在眼里喜在心里，全班家长都非常支持我们的工作，这样真实的教学题材和因此而表现出来的强大的学术力量，还有可爱的孩子、可敬的家长，这一切的一切，都让我对教育有了很深的体会，自己也有了非常迅速的成长。"

据高丽君老师介绍，此次"猫耳洞课程"，是她所做过的所有课程里面体育分量占比最大的一个。体育老师侯照新却很轻松地说："没有做什么特别大的贡献，我只是搜集了一点资料，录了一下课，当时高老师的想法给了我很多启发，我们就列出了几个小主题，如猫行、熊爬、马奔、鸡走、螃蟹爬等，我们在体育课上就进行了这样的小主题教学。这次课程，让我对今后的体育教学有了更深层的课程意识和融合意识。"

曾在外区有任教经历的牛俊阁老师，中秋小假之后第一天上班，就被震惊到了。她说："中秋前一天我们还在进行思维碰撞，中秋节后我们就在教室里收到了一张张学习单、一个个能量表……这个团队的执行力和让老师们天马行空的想法能够得以实现的魔力，让每一个置身其中的老师都不得不承认，结合孩子的实际来设计课程是一件多么幸福的事情，尤其是自己的设想在团队的努力和学校的支持下变成现实，是一件让自己收获巨大的非常有成就感的事，这也是一种无形的肯定和促进。我认为，亦小最与众不同的地方，就是它真真正正地给了我们老师一个能够充分表达的平台，在这个畅所欲言的机制下，每个老师的课堂不再是机械地上课，而是一次次的情感旅行。"

对于"猫耳洞课程"的研发和实施，一年级级部主任王婷婷老师有着不一样的感受："'猫耳洞课程'不仅仅是一个课程，更代表着一种精神——永葆热情，乐观向上。只要你愿意发现，身边处处是美好。就像这间造型独特的教室，摇身一变，成了充满魔力的猫耳洞。猫耳洞教室，也是这段难忘岁月的缩影。"

6. 一切都在继续

阅读提示：一切还在继续，一切为了学生。

10月9日，刚搬进猫耳洞教室才一天多的一年级六班教师李雪娜说："国庆假期前，我发给孩子们一张'大自然寻宝卡'；昨天，我们搬进了猫耳洞教室，当天就进行了开启课，现在已讲了一次《绿眼睛》绘本的任务单；我们班的超能量卡已经开启，猫耳洞任务进行到了任务三，任务五和其他子任务也在同步进行中。总之，我班的孩子目前正处于搬进猫耳洞教室的兴奋期，课堂纪律比在大教室里的时候要好很多，上课状态也非常好，他们每天都在积极地积攒超能量。说实话，我们这一批的4个班级，属于是第三拨进入猫耳洞教室的，我们都成了其他14个教室的孩子们羡慕的对象了！"

校长史丽英对于原创"猫耳洞课程"给予了极大肯定，对于老师们的无限创意表示了鼓励和赞赏。她说："善于发现问题，善于用课程来解决问题，善于集合全体教师智慧、联合家长意愿，创造性地开发课程，并将有益的课程资源全部作

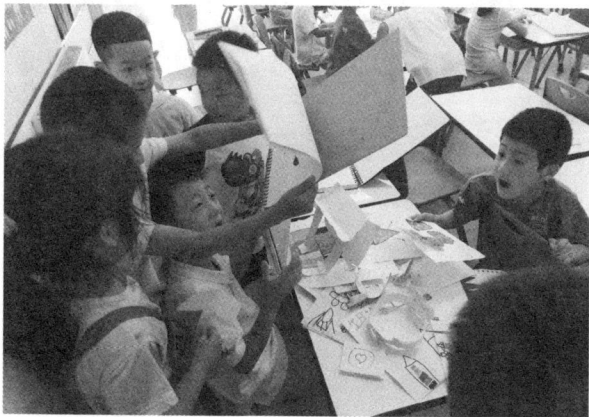

用于孩子们，这是我们亦小教师的一大特长，也是十一学校的教育理念'一切为了学生'的传承和升华。现在，我们全校教职员工上下一心，真诚付出，继续努力，为的就是打造一所学生向往和喜欢、家长满意和支持的未来型学校！"

10月11日，学校六个级部分六个会场，通过线上线下相联合的形式，同频开展了主题为"限制激发创新"的教育教学策略创生与实践分享。12位教师从身边的环境局限入手，将一个个不足和限制，成功转化为一个个鲜活的研究课题，开展了有趣、有序、有创造、有意义的教育教学活动，在教师专业化成长得到全面提升的同时，也受到了来自学生和家长的欢迎，收到了理想的教育效果。

2024年2月26日，史丽英校长在北京亦庄实验小学开学典礼上，提出了自己最朴素的愿望："我希望学生在学校可以吃好、玩好、学好。"关于如何才能吃得好，年初的时候，亦小已在部分级部成功进行了"自主打餐"实践，等待时机成熟，自会全面展开。具体情况已在《这里的学生吃上了"自助餐"》一文中呈现。

关于玩好、学好，在亦小，玩和学是无法割裂分开的。每种好玩的游戏中，总潜藏着学科的脉络和精髓；在多学科教学中，也总会将学生尽情舒展的玩耍、游戏、手工、运动等元素融入。玩的是有趣与智慧，学的是融洽与自然。此次"猫耳洞课程"，有绘本有儿歌有舞蹈，有室内游戏有室外观察，有让某个孩子独自闪光的开心生日会，还有需要全体孩子共同遵守的班级约定……丰富的课程，让孩子们在玩中学、在学中玩，既实现了教学目标，又达成了素养计划，可以说是玩得好，学得更好！

后记：一棵坚韧的回头草

关于我的回归

小时候，有一次看哥哥姐姐吵架，最终哥哥败北。之后，他拉着母亲又转身回来，一脚踢开房门，嚣张地大叫："瞧，我胡汉三又回来了！"

我不知道胡汉三是谁，这人之前去哪了，现在又为什么回来，但，哥哥踢门的这个动作，也太有气势、太飒了！

有娃后，陪儿子看《喜羊羊与灰太狼》，每当灰太狼被红太狼一平底锅敲得飞出很远很远之后，他都会一边不住地翻滚着一边尖声叫嚣："我一定会回来的！"

我不知道红太狼为什么一定要敲打灰太狼而灰太狼为什么还要一直在忍受，我只知道，他回来后还是被敲，一直被敲，但从来没有想过真的要离开。

不管是胡汉三还是灰太狼，他们都不是什么英雄人物或是正面人物，甚至胡汉三还是一个大坏蛋，也知道他们的回来意味着要面临再一次的失败甚至是更大的失败或者是彻底的失败。但我知道，他们肯定有不得不回来的原因。而我，我很清楚地知道我为什么要回来，我也知道，我的回来又意味着什么。

是的，2023 年初，离开北京亦庄实验小学六年半的我，毫不犹豫地紧紧握住了一只温暖的手，我，回归了！

为什么回来？

因为一份不舍。

每次经过亦小，我都会忍不住多张望几眼，那些银杏树，那丛竹子，那条百米沙道，那条木道……

每次经过亦小，我都会想起那些被自己观察或注意过多次的学生和老师，那些自己经历过无数加班加点而形成的文字和书稿……

那段闪亮的日子，就像一面旗帜，忽隐忽现，使我走在任何路上都不怕失去方向，更不惧怕黑影；它就像一束光，一直在我头顶高高地闪耀着，总也无法磨灭，但也没有任何一丝光亮能够掩盖它、超越它。亦小，是我全心投入忘我工作的地方，是我来北京后自己全部身心和精力的附着点，它承载着我对北京所有的美好梦想和愿望。

为什么回来？

因为还有一份不甘。

在自己由于腰部受伤而卧床不起的那段日子里，我想了很多：如果生命就此打住，我会有什么样的不甘心？我遗憾于自己没有多彩的衣服，遗憾于自己没有好好地爱过自己，遗憾于陪伴老人孩子的时间太少……我还遗憾于自己匆匆离开了亦小。

趁着社会许可的有效工作时间还有那么一点点，趁着自己还残存有一丝敏锐的观察力和思考力，趁着自己还能握得住鼠标拿得住笔……为了不留遗憾，回归！

不管出走多久，归来仍是那个无愧于心无愧他人、真实做人踏实做事的我！

有一句俗话，叫"好马不吃回头草"；

还知道一句俗话，叫"浪子回头金不换"；

说实话，我不是什么好马，也不是什么浪子，更不是什么金子；

我，顶多就算是一棵坚韧的回头草。

关于建校十年

2013 年 9 月，北京亦庄实验小学正式开学。

当时的教师结构呈葫芦状，一部分是从全国各地吸引来的特级、名师，他们经验丰富，高尚、纯粹，他们深谙教育教学规律，他们怀抱满腔的教育热情，不满足已有的工作经验，继续躬耕课堂，关爱学生，关心年轻教师，以身作则，言传身教，使亦小形成了良好的积极向上的传、帮、带氛围；另一部分就是从各大院校招来的优秀硕士毕业生，他们年轻有为，知识宽广，追求卓越，就像一块海绵，每天都在汲取着有益的营养；名师在侧，责任在肩，自我加压，多方元素的汇集，极大地加快了一大批有为青年的成才速度。

校长史丽英说："到 2023 年 9 月，亦小已建校十周年。这十年，是名师、特级教师引领青年教师成长的十年；这十年，名师、特级教师事事引领、处处表率、高风亮节，无私奉献；青年骨干教师如雨后春笋，蓬勃生长，步步追随，已然成为师德的表率、育人的模范、引领学生学习的专家。"

每一位师父，在带徒弟的同时，又在不断自我完善，追求卓越；每一位青年才俊的身上，都印有自己师父的影子，但又比他们的师父们还要多一些什么。多的是什么呢？多了一层主人翁意识，多了一层奋斗精神，多了一层不管不顾一路向上的力量。这个学校，是真真切切完完全全属于他们的，他们有的是喜欢它的理由，有的是打造它的创意，他们，也就真的似春天阳光下的禾苗，不管是风和日丽还是风霜雨雪，都能够顺心而为、恣意生长。是什么样的制度造就了这样的氛围，是什么样的管理带出了这样的队伍？

史校长说："我一直非常惶恐，担心自己在接过重任后，会令大家失望，所以，我竭尽所能地为老师、为学生服务，创设各种条件，让名师和特级教师充分发挥他们的经验和特长，令其感受到学校的温暖和尊重；搭建各种平台，保护年轻教师的个性发展且使其真正感受到成长的快乐及幸福；注重课程研发，让孩子们有可供选择的丰富多样的课程，同时畅通各种渠道，让孩子们有发挥天性和特长、有挖掘潜力和潜能的活动……好在，有创校校长李振村老师首倡的'全课程'理念以及民主、包容、自由的亦小底色，有十一学校教育体系共同研发的课程框架为统领，在富有创新的学校课程研发团队的努力下，在全体师生的呵护下，亦小一直走得很稳健、很扎实。我们相信，亦小的明天会更好！"

十年树木，百年树人。亦小的桃、李、杏，玉兰、早樱、海棠，楸树、银杏、松树等各种花树果树绿化树，在一届届师生的四季陪伴及观察下，在语文、数学、英语、美术、科学、体育等各种学科的交融及递进中，成长得郁郁葱葱、枝繁叶茂；而亦小的孩子及老师，也在这样浓郁的绿意和花海中，一年年长大、成熟。

亦小，十周年快乐！让我们共同期待亦小的下一个十年、二十年……

关于这本书

亦小建校十年里，新老教师是如何传、帮、带的？老朋友怎么样了？新朋友又如何了？课程建设呈现的是什么样态？"全课程"之后又有什么创新和变化？……

当这些问题一一浮现，《第三只眼看亦小：成长在这里真实发生》的雏形也已渐渐清晰。在我真正深入到课堂、深入到老师身边时才发现，这本书，还真的不是原先想的那样简单。因为在与老师们的接触中，我又受到了打击。这，是亦小给予我的第二次打击。

第一次打击是来自 2012 年的同龄人。2012 年底，初次接触这个团体后我发现，那些名师、特级教师的年龄都和我差不多大，他们早早就取得了令人眼羡的成绩，同时为家庭为社会为教育带来了肉眼可见的改变，而我呢？短暂的失落之后，自己渐渐明白了一个道理：领域不同，各自追求。于是就踏踏实实地在自己擅长的岗位上不懈努力，最后《第三只眼看亦小》出版。

这第二次打击则是来自 2023 年的年轻人。亦小在我离开的六年多的时间里发展神速，原先的年轻人都已崭露头角，更"要命"的是，他们对于课程的研究，让我感觉到了不小的差距。当年轻的张鑫老师特意拿出时间为我讲解最近几年的课程变化时，可以说是给了我一万点的暴击。所以，我刚回亦小的那一段时间，首先设法重建了自信——我翻看自己之前出版的书，翻看自己曾经发表过的散文、特写和通讯，在自己觉得有了可以挺直腰杆的"资本"时，我积极深入到教师身边、课堂一线，看教师成长看学生变化，看一个个项目式课程从点滴渗透开始到全面开花结果，为一个个学生或学校活动出谋划策甚至参与其中不能自拔……我以全身心的投入，推倒了自己给自己设的心理障碍，赢回了属于自己的"体面"。

我的自信还来自新老朋友的悉心关照和赞美——

刘丽萍老师说："多亏你回来了，你帮了我们很大的忙。"

李伟老师说："边边的新闻敏感度和第三视角，是我们这些人都比不了的。"

孙娜老师说："边边不要着急，事情总要一步一步慢慢来。就像你之前对我说的那样。"

何辉老师说："我的朋友们都说，亦小的微信公众号风格变了，变得越来越深刻和完美。"

英子校长说："你从不屑与人争，骨子里有着文人的傲气，你放手去做吧，我支持你！"

期末诊断平台上有老师留言说："2016 年你的离开，让我愧疚于没有保护好你。现在你回归了，让我心灵有了依靠，也让我有了继续爱你的机会。"

随着工作越来越熟练，在进行正常的宣传工作之余，我还结合节假日和学校重点工作，开展了专题宣传。比如："核心素养可以考出来了""我的假期这样度过""学习雷锋好榜样""我爱劳动""这里的学生吃上了'自助餐'""'猫耳洞'里趣事多"等。

学校的宣传任务、自己的写作喜好以及第二本书籍的出版目标，三者紧密结合，终于，在大家的呵护下，2024 年 12 月底，书稿完成。

《第三只眼看亦小 》一书，侧重于学校、学生活动；

《第三只眼看亦小：成长在这里真实发生 》，着墨于教师成长及精神传承；

如果有可能，"第三只眼看亦小"系列的下一本将着力于亦小专题活动、特色课程……

从学生活动到教师的成长再到学校发展的根基挖掘，我也将由表象记录到肌理观察再慢慢到血液研究。因为对亦小师生来讲，课程是渗透到血液里的东西，在这里，万物皆课程。

我也将由此系列书籍的出版，而实现成长的蜕变。

为此，我不懈努力！

边淑清

2024 年 12 月 21 日